ZOOTOPIA

Disney · Pixar Best Collection — Zootopia

초판 발행 · 2024년 10월 1일
초판 2쇄 발행 · 2024년 12월 31일

번역 및 해설 · 강윤혜
발행인 · 이종원
발행처 · (주)도서출판 길벗
브랜드 · 길벗이지톡
출판사 등록일 · 1990년 12월 24일
주소 · 서울시 마포구 월드컵로 10길 56(서교동)
대표 전화 · 02)332-0931 | **팩스** · 02)323-0586
홈페이지 · www.gilbut.co.kr | **이메일** · eztok@gilbut.co.kr

기획 및 책임 편집 · 김지영(jiy7409@gilbut.co.kr), 김대훈 | **디자인** · 강은경 | **제작** · 이준호, 손일순, 이진혁
마케팅 · 차명환, 장봉석, 최소영 | **유통혁신** · 한준희 | **영업관리** · 김명자, 심선숙 | **독자지원** · 윤정아

편집 진행 및 교정교열 · 오수민 | **전산편집** · 조영라 | **오디오녹음** · 와이알미디어
CTP 출력 및 인쇄 · 예림인쇄 | **제본** · 예림바인딩

- 길벗이지톡은 길벗출판사의 성인어학서 출판 브랜드입니다.
- 잘못 만든 책은 구입한 서점에서 바꿔 드립니다.
- 이 책은 저작권법에 따라 보호받는 저작물이므로 무단전재와 무단복제를 금합니다.
- 이 책의 전부 또는 일부를 이용하려면 반드시 사전에 저작권자와 (주)도서출판 길벗의 서면 동의를 받아야 합니다.
- 책 내용에 대한 문의는 길벗 홈페이지(www.gilbut.co.kr) 고객센터에 올려 주세요.

ISBN 979-11-407-0962-5 03740 (길벗 도서번호 301190)
Copyright@2024 Disney. All rights reserved.
정가 26,000원

독자의 1초까지 아껴주는 정성 길벗출판사
(주)도서출판 길벗 | IT교육서, IT단행본, 경제경영서, 어학&실용서, 인문교양서, 자녀교육서 www.gilbut.co.kr
길벗스쿨 | 국어학습, 수학학습, 어린이교양, 주니어 어학학습, 학습단행본 www.gilbutschool.co.kr

● 머리말 ●

디즈니·픽사 명작의 주인공처럼 영어를 말한다!

국내 유일 〈주토피아〉 전체 대본 수록! 디즈니·픽사 명작이 내 손 안에!

디즈니, 픽사 애니메이션 팬을 위해 국내 유일하게 전체 대본을 수록하였습니다. 〈주토피아〉는 개봉 당시 월트 디즈니 애니메이션 스튜디오 최고 오프닝 기록을 달성하며 주목을 받았죠. 로튼 토마토 98%를 지금까지 유지하는 검증된 작품이기도 합니다. 영화를 보면서 느꼈던 감동을 대본을 읽으며 다시 한번 느껴보세요.

영어 학습을 위한 최적의 영화 장르, 애니메이션!

비싼 영어 학원이나 온라인 프로그램이 지루해서 건너 뛰고 있다면 재미있는 애니메이션 대본으로 공부해 보세요. 디즈니 애니메이션에는 슬랭이나 욕설 등의 거친 표현들이 거의 없고, 의학이나 법정 영화같이 특정 분야의 어려운 표현들이 들어 있지도 않아요. 실생활에서 자주 쓰는 표현들로만 구성되어 있죠. 아이들도 볼 수 있게 표현도 비교적 쉬운 편이라 초보자들이 영어를 학습하기에 제격입니다.

자막 보는 것 같은 구성, 중요 표현은 표현집에서 한번 더!

영화를 볼 때 자막을 보는 것 같은 효과를 위해 오른쪽에서 번역을 바로 볼 수 있는 영한대역으로 구성을 했습니다. 단어가 궁금할 때는 하단에서 편하게 확인할 수 있고요. 만약 영어 대본만 보고 싶다면 오른쪽 페이지를 살짝 접어 해석이 보이지 않게 학습하면 됩니다. 실생활에 자주 쓰이는 핵심 표현 100개를 스크립트북에서 뽑아 워크북으로 구성하여 학습 효과를 높였습니다.

● 책의 구성 ●

스크립트북

국내 최초로 <주토피아> 대본 전체를 담았습니다. 영어 대본은 왼쪽 페이지에서, 해석은 오른쪽 페이지에서 자막처럼 바로 확인할 수 있어요. 모르는 단어는 오른쪽 하단에서 뜻을 확인해보세요.

워크북

스크립트북에서 중요한 표현 100개를 뽑아 자세히 다룹니다. 어떤 상황에서 쓰이는지를 설명하고, 표현을 활용한 추가 예시문을 보여주어 표현이 익숙해질 수 있도록 했어요.

오디오북

전체 스크립트북을 녹음한 오디오북을 무료로 제공합니다. 길벗 홈페이지(gilbut.co.kr)에 접속하여 '주토피아'를 검색 후 다운로드 하거나 실시간 재생으로 들을 수 있습니다.

• 차례 •

스크립트북

| CHAPTER 1 | I Am Going to Be a Police Officer! — 012
난 커서 경찰이 될 거예요!

| CHAPTER 2 | The First Rabbit Officer — 026
최초의 토끼 경찰

| CHAPTER 3 | Welcome to Zootopia — 044
주토피아에 오신 걸 환영합니다

| CHAPTER 4 | Meter Maid Duty — 060
주차 단속원

| CHAPTER 5 | Con Artist Nick Wilde — 074
사기꾼 닉 와일드

| CHAPTER 6 | It's Been a Really Long Day — 090
힘든 하루였어요

| CHAPTER 7 | Weasel Chase — 106
족제비 추격전

| CHAPTER 8 | I Will Find Him — 122
제가 찾을게요

| CHAPTER 9 | Hopps Hustled Nick — 134 |
| | 주디가 닉을 속이다 |

| CHAPTER 10 | Flash, Hundred Yard Dash — 156 |
| | 날쌘돌이 플래시 |

| CHAPTER 11 | Collecting Clues Limo — 170 |
| | 리무진에서 단서 찾기 |

| CHAPTER 12 | The Most Feared Boss, Mr. Big — 184 |
| | 제일 무서운 두목, 미스터 빅 |

| CHAPTER 13 | Manchas Goes Savage — 200 |
| | 야수로 돌변한 만차스 |

| CHAPTER 14 | Deeply Hurt — 216 |
| | 깊은 상처 |

| CHAPTER 15 | Checking the Traffic Cams — 230 |
| | 교통 카메라 확인하기 |

| CHAPTER 16 | We Cracked the Case — 244 |
| | 우리가 사건을 해결했어요 |

| CHAPTER 17 | Judy's Press Conference — 260 |
| | 주디의 기자 회견 |

| CHAPTER 18 | Giving Up the Badge | 276 |

주디, 경찰을 그만두다

| CHAPTER 19 | Night Howlers Aren't Wolves | 288 |

밤의 울음꾼은 늑대가 아니야

| CHAPTER 20 | Pellets of Night Howler Toxin | 306 |

밤의 울음꾼 독극물이 든 탄환

| CHAPTER 21 | Bellwether Being Nailed | 328 |

벨웨더, 꼼짝없이 잡히다

| CHAPTER 22 | Change Starting With Me | 344 |

변화는 나부터

워크북

표현 1~100 — 360

● 캐릭터 소개 ●

주토피아 세계관

다양한 동물들이 인간처럼 함께 사는 현대적인 동물 사회를 배경으로 하고 있어요. 도시 구역은 각기 다른 생태계를 재현한 "툰드라 타운", "사하라 스퀘어", "열대우림" 등으로 나뉘어 있죠. 주인공 주디 홉스는 첫 토끼 경찰관으로 꿈을 이루기 위해 고향을 떠나 큰 도시, 주토피아로 오게 됩니다. 그리고 사기꾼 여우 닉 와일드와 함께 미스터리한 실종 사건을 해결하면서 여러 난관을 겪게 되죠. 이 과정에서 편견과 차별을 극복하고 서로 다른 존재들이 화합하는 메시지를 전달합니다.

Judy Hopps
주디 홉스

더 나은 세상을 만들겠다는 일념으로 어릴 적부터 경찰을 꿈꿨던 작고 귀여운 토끼. 누군가 괴롭힘을 당하거나 안타까운 상황에 처하면 주저 없이 나서 돕는다. 힘든 훈련을 거쳐 결국 주토피아 최초의 토끼 경찰이 되어 의문의 실종 사건을 파헤친다.

Nick Wilde
닉 와일드

세상에 냉소적인 붉은 여우. 줄곧 남을 속이며 교활한 면이 있으나 주디와 엮이면서 본의 아니게 실종 사건을 같이 해결해 나간다. 처음엔 앙숙처럼 티격태격하지만 차츰 수사에 도움도 주고 의리 있는 모습도 보인다.

Chief Bogo
보고 서장

주토피아 경찰 서장. 근엄한 모습의 아프리카물소로 경찰 학교를 수석으로 졸업한 주디에게 제대로 된 사건을 배당해주지 않고 주차 단속 임무를 맡긴다.

Bellwether
벨웨더 보좌관

라이언하트 시장이 양들의 표심을 얻기 위해 보좌관으로 임명한 작은 양. 주디가 경찰직을 수행하는 데 도움을 주기도 하지만 무서운 속내를 감추고 있다.

주토피아의 사자 시장. 양을 보좌관으로 임명하고, 토끼를 경찰로 채용하는 등 겉보기엔 제법 진보적이고 이상적인 권력자이자 정치가로 보인다.

Mayor Lionheart
라이언하트 시장

Clawhauser
클로하우저

치타로서의 날렵함은 전혀 없는 활달한 성격의 주토피아 민원 경찰. 도넛을 좋아하며 팝스타 가젤(Gazelle)의 왕팬이다.

주디의 부모. 시골에서 홍당무 농사를 천직으로 삼으며 안정된 삶을 최고로 가치로 두는 평범한 토끼 부부이다.

Mr. Hopps & Mrs. Hopps
홉스 부부

Disney ZOOTOPIA

스크립트북

전체 대본을 해석과 함께 담았습니다.
디즈니 추천 성우가 녹음한 오디오북도 적극 활용해보세요.

CHAPTER 1

I Am Going to Be a Police Officer!

SEQUENCE 110.0 — "PROLOGUE"

IN BLACK: We hear the feral, primeval sounds of a jungle at night. A timpani bangs an ominous beat. FADE IN ON:

A JUNGLE (SET) — NIGHT
A BUNNY nervously walks through the dark, foreboding forest, frightened by every shadow and moving leaf.

YOUNG JUDY   (V.O.) Fear. Treachery. Bloodlust! Thousands of years ago, these were the forces that ruled our world. A world where prey were scared of predators. And predators had an uncontrollable biological urge to maim and maul and...

A banner reads: CARROT DAYS TALENT SHOW! The timpani crescendos. A JAGUAR leaps out of the shadows, attacks the bunny, who screams–

01. mp3

장면 110.0 — "도입부"

어두운 화면: 원시 정글에서 한밤중에 나는 으스스한 소리가 들린다.
팀파니를 두드리는 소리가 불길한 예감을 불러일으킨다. 화면이 점점 밝아지고:

정글 (세트) — 밤
토끼가 칠흑 같이 어둡고 으스스한 숲속을 초조하게 걷고 있다. 그림자 하나 잎사귀 하나 움직이는 소리에도 두려워서 떤다.

어린 주디 (목소리) 공포, 배신, 피의 굶주림! 수천 년 전에는 이런 것들이 우리 세계를 지배했죠. 초식동물들에게 맹수들은 두려움의 존재였어요. 맹수들은 어쩔 수 없는 생물학적인 본능에 이끌려 약한 자들을 물어뜯어 죽였죠.

'홍당무의 날 장기자랑!'이라고 쓰인 배너가 걸려 있다. 팀파니 소리가 점점 커진다. 재규어가 어둠 속에서 뛰쳐나와 토끼를 공격한다. 토끼는 비명을 지른다.

---

feral 야생의, 음산한 primeval 원시의 timpani (타악기) 팀파니 ominous 불길한 bunny 토끼 foreboding 불길한 기운이 도는 treachery 배신 bloodlust 피의 굶주림 prey 맹수의 먹잇감, 사냥감 predator 맹수, 포식자 maim 불구로 만들다 maul 갈기갈기 찢다 crescendo (소리가) 점점 커지다

YOUNG JUDY   Blood, blood, blood!

Reams of red papier mâché entrails ooze from the bunny.

YOUNG JUDY   And death.

These are ANIMAL KID ACTORS. The bunny, JUDY HOPPS, 10, is our hero. And this is her play being staged. The CROWD looks on with a blend of admiration and confusion.

YOUNG JUDY   Back then, the world was divided in two. Vicious predator or Meek prey.

TWO BOXES drop down, labeled VICIOUS PREDATOR and MEEK PREY. The PREDATOR box lands on the jaguar. The MEEK PREY box lands on Judy. She drags entrails underneath with her.

어린 주디 피, 피, 피야!

토끼의 배에서 종이로 만든 빨간 창자가 계속 나온다.

어린 주디 그리고 죽었어요.

어린 동물 배우들이 나와서 연기하는 장면이다. 열 살인 토끼 주디 홉스가 주인공이다. 주디가 쓴 연극이 무대에서 상연 중인 것이다. 공연을 지켜보는 관객들은 감탄하면서도 혼란스러운 마음을 피할 길이 없다.

어린 주디 그때 세상은 두 부류로 나뉘었어요. 즉 사악한 포식자와 온순한 사냥감으로요.

상자 두 개가 떨어진다. 하나는 '사악한 포식자' 다른 하나는 '온순한 사냥감'이라고 쓰여 있다. '사악한 포식자' 상자가 재규어 위에, '온순한 사냥감' 상자는 주디에게 떨어지고 주디는 종이 창자를 자기 쪽으로 끌어당긴다.

reams 많음 papier mâché 종이 반죽 entrails 창자, 내장 ooze (액체가) 흘러나오다 admiration 감탄 confusion 혼란, 당혹 be divided in two 둘로 나뉘다 vicious 사악한 meek 온순한

YOUNG JUDY (C.S.) But over time, we evolved! And moved beyond our primitive, savage ways.

A YOUNG SHEEP wearing a white muumuu and a cardboard rainbow on his head does an improvisational dance across the stage. The boxes pull up and Judy and Jaguar are in white muumuus as well.

YOUNG JUDY Now predator and prey live in harmony.

Judy and the jaguar hold paws as the sheep pops a noisemaker.

YOUNG JUDY And every young mammal has multitudinous opportunities.

ASTRONAUT SHEEP Yeah, I don't have to cower in a herd anymore.

The Sheep tears off his muumuu. He's wearing a homemade astronaut costume. Catmull plays a slide whistle.

ASTRONAUT SHEEP Instead, I can be an astronaut!

ACTUARY JAGUAR I don't have to be a lonely hunter anymore.

Then the Jaguar tears off his muumuu. He's dressed in a suit.

| 어린 주디 | (화면 밖 목소리) 하지만 세월이 흐르고 우리는 진화했죠! 그래서 그 원시적이고 야만적인 생활에서 벗어났어요. |

하와이 풍의 하얀 무무를 입고, 마분지로 만든 무지개를 머리에 쓴 어린 양이 무대를 가로지르며 즉흥적으로 춤을 춘다. 상자가 올라가자 하얀 무무를 입은 주디와 재규어의 모습이 보인다.

| 어린 주디 | 이제는 맹수와 초식동물이 함께 조화롭게 살아요. |

주디와 재규어가 손을 잡자 양이 폭죽을 터뜨린다.

| 어린 주디 | 그래서 어린 포유류들은 모두 엄청난 기회를 만끽하고 있어요. |
| 우주비행사 양 | 그래요. 난 이제 양떼 속에서 겁쟁이처럼 있지 않아도 돼요. |

양이 자신이 입고 있던 무무를 벗어던진다. 안에는 집에서 만든 우주비행사 복장을 입고 있다. 캐멀이 슬라이드 휘슬을 분다.

| 우주비행사 양 | 대신에, 나는 우주비행사가 될 수 있어요! |
| 보험전문가 재규어 | 나도 이제는 외로운 사냥꾼 노릇을 하지 않아도 돼요. |

재규어도 자신이 입고 있던 무무를 벗어던진다. 안에 양복을 입고 있다.

---

evolve 진화하다 primitive 원시적인 savage 야만스러운 muumuu 무무 (헐거운 하와이 풍의 드레스) improvisational dance 즉흥적인 춤 multitudinous opportunities 엄청나게 많은 기회 cower 무서워서 움츠리다 homemade 집에서 만든 lonely hunter 외로운 사냥꾼

ACTUARY JAGUAR   Today I can hunt for tax exemptions. I'm gonna be an actuary!

YOUNG JUDY   And I can make the world a better place! I am going to be...

Judy tears off her muumuu, revealing a POLICE OFFICER UNIFORM. Catmull plays a 70s-style cop show theme on the boom box.

YOUNG JUDY   A police officer!

A mean, nasty fox kid, GIDEON GREY, snickers. He's sitting next to a WEASEL KID.

YOUNG GIDEON   Bunny cop. That is the most stupidest thing I ever heard.

YOUNG JUDY   It may seem impossible to small minds– (points at Gideon) I'm looking at you, Gideon Grey.

A bright city skyline backdrop shows.

YOUNG JUDY   But just 211 miles away stands the great city of Zootopia! Where our ancestors first joined together in peace. And declared that Anyone Can Be Anything! Thank you and good night!

| 보험전문가 재규어 | 이제 면세 사냥을 하면 되죠. 난 보험전문가가 될 거예요!

| 어린 주디 | 그리고 난 이 세상을 보다 나은 곳으로 만들 수 있어요! 나는 커서…

주디는 입고 있던 무무를 휙 벗어던진다. 경찰관 제복이 보인다. 캣멀이 대형 휴대용 카세트 라디오로 70년대 풍의 경찰 드라마 주제곡을 틀고 있다.

| 어린 주디 | 경찰이 될 거예요!

야비하고 고약하게 생긴 어린 여우 기디온 그레이가 킬킬 웃는다. 여우는 어린 족제비 옆에 앉아 있다.

| 어린 기디온 | 경찰관 토끼라. 그렇게 어처구니없는 말은 내 평생 처음 들어봐.

| 어린 주디 | 속좁은 이들에게는 불가능해 보일 수도 있지만… (기디온을 가리키며) 너 말이야, 기디온 그레이.

밝게 빛나는 도시의 스카이라인이 그려진 배경이 나타난다.

| 어린 주디 | 하지만 211마일밖에 떨어지지 않은 곳에 위대한 도시 '주토피아'가 있습니다! 우리 선조들이 처음으로 평화롭게 하나가 된 곳이죠. 그리고 이렇게 선언했죠. '누구나 뭐든지 될 수 있다!' 감사합니다, 편안한 밤 보내세요!

tax exemption 면세 혜택 **actuary** 보험계리사 **cop show** 경찰 드라마 **boom box** 커다란 휴대용 카세트 라디오 **snicker** 낄낄 웃다 **backdrop** (무대의) 배경 **mile** 1마일은 대략 1.61km (211마일 = 약 340km) **ancestor** 조상, 선조

Judy gives a mighty thespian bow. The audience applauds. Judy's parents, BONNIE and STU HOPPS, look concerned.

SEQUENCE 114.0 — "GIDEON GREY"

EXT. CARROT DAYS FESTIVAL — DAY

A bucolic festival, replete with food booths, games and rides. Judy, still in her Cop Costume, bounces along with her parents. We catch their conversation mid-stream.

STU HOPPS   Judy, ever wonder how your mom and me got to be so darn happy?

YOUNG JUDY   Nope.

주디가 무대 배우처럼 멋들어지게 인사한다. 관중들이 박수를 친다. 주디의 부모인 보니와 스튜 홉스는 걱정스러운 표정을 짓는다.

장면 114.0 ― "기디온 그레이"

실외. 홍당무의 날 축제 ― 낮
음식 부스, 게임장, 놀이기구 등이 가득 찬 전원 축제가 벌어지고 있다. 아직도 경찰관 제복을 입은 주디가 부모와 함께 깡충깡충 뛰어가고 있다. 가족이 한창 나누는 대화가 들린다.

스튜 홉스   주디, 엄마와 내가 어떻게 이렇게 행복해졌는지 궁금하지 않니?

어린 주디   아뇨.

---

mighty 대단한, 장대한   thespian 배우, 연기자   applaud 박수 치다   concerned 우려하는   bucolic 전원의   replete with ~으로 가득 찬   mid-stream 중간에서   darn 아주, 엄청나게 (damn의 완곡어)

STU HOPPS   Well, I'll tell ya how– we gave up on our dreams and we settled, right Bon?

BONNIE HOPPS   Oh yes, that's right, Stu. We settled hard.

STU HOPPS   See, that's the beauty of complacency, Jude. If you don't try anything new, you'll never fail.[1]

YOUNG JUDY   I like trying, actually.

BONNIE HOPPS   What your father means, hon, it's gonna be difficult– impossible even– for you to become a police officer.

STU HOPPS   Right. There's never been a bunny cop.

BONNIE HOPPS   No.

STU HOPPS   Bunnies don't do that.

BONNIE HOPPS   Never.

STU HOPPS   Never.

YOUNG JUDY   Oh. Then I guess I'll have to be the first one! Because I am gonna make the world a better place![2]

스튜 홉스	그러니까, 어떻게 했냐 하면… 우리는 원래 꿈을 포기하고 정착했단다. 그렇지, 여보?
보니 홉스	오 그렇지, 스튜. 잘 정착했지.
스튜 홉스	들었지, 이게 바로 안정된 삶의 묘미란다, 주디. 새로운 걸 안 하면 실패할 일도 없어.
어린 주디	전 도전하는 게 좋거든요.
보니 홉스	애야, 아빠 말은 네가 경찰관이 되는 건 어렵다는 거야. 불가능한 일이지.
스튜 홉스	그래. 토끼 경찰관은 듣도 보도 못했어.
보니 홉스	물론이지.
스튜 홉스	토끼는 그런 일은 못해.
보니 홉스	절대 못하지.
스튜 홉스	어림도 없어.
어린 주디	오. 그럼 제가 토끼 최초의 경찰관이 되어야겠네요! 왜냐하면, 전 이 세상을 더 나은 곳으로 만들 거니까요!

give up on ~에 대해 포기하다 settle 정착하다 complacency 기대에 못 미치지만 현 상태에 만족하는 것

STU HOPPS   OR... heck, you wanna talk about making the world a better place– no better way to do it than becoming a carrot farmer.

BONNIE HOPPS   Yes! Your dad, me, your 275 brothers and sisters– we're changing the world one carrot at a time.

STU HOPPS   Amen to that. Carrot farming is a noble profession.

> Judy spots GIDEON GREY stalking some SMALL ANIMALS. She follows him. Stu and Bonnie yap on obliviously. We HEAR their conversation, but are with Judy.

BONNIE HOPPS   (O.S.) Mmmm, just putting the seeds in the ground...

STU HOPPS   Ahh, at one with the soil. Just getting covered in dirt.

BONNIE HOPPS   You get it honey, I mean, it's great to have dreams.

STU HOPPS   Yeah, just as long as you don't believe in 'em too much. (finally noticing Judy's absence) Where'd the heck she go?

스튜 홉스	아니면… 어, 네가 이 세상을 좀 더 나은 곳으로 만들겠다고 해서 하는 말인데, 그러려면 홍당무 농부가 되는 것보다 더 좋은 방법은 없단다.
보니 홉스	그래! 네 아빠랑 엄마, 그리고 275명이나 되는 네 형제자매들… 우리는 이 세상을 홍당무 하나만큼 조금씩 조금씩 바꾸고 있어.
스튜 홉스	그럼. 홍당무 농사는 고귀한 일이야.

주디는 기디온 그레이가 작은 동물들을 살금살금 뒤쫓고 있는 것을 발견하고 그 뒤를 따라간다. 홉스 부부는 눈치채지 못하고 계속해서 얘기를 나누고 있다. 이들의 목소리만 들리고 카메라는 주디를 쫓고 있다.

보니 홉스	(화면 밖 목소리) 음, 홍당무 씨를 땅 속에 뿌리고…
스튜 홉스	아, 토양과 한 몸이 되는 거지. 그냥 흙에 묻히는 거야.
보니 홉스	그렇지 여보. 그니까, 꿈을 갖는 것은 정말 멋진 일이긴 해.
스튜 홉스	맞아, 꿈을 너무 지나치게 믿지만 않는다면 말야. (이제야 주디가 옆에 없는 것을 알아차리고) 얘가 도대체 어디 간 거야?

one carrot at a time one day at a time(오늘 할 일부터 한 번에 하나씩, 매일 조금씩, 차근차근)을 토끼의 세상에 맞춰 변형한 표현 **Amen to that.** 전적으로 동감해. **noble** 고귀한 **profession** 전문직 **spot** 발견하다 **stalk** 몰라 살금살금 뒤쫓다 **yap** 재잘거리다 **obliviously** 눈치채지 못하고

CHAPTER 2

The First Rabbit Officer

Gideon Grey is picking on a SHEEP.

YOUNG GIDEON   Gimme your tickets right now, or I'm gonna kick your meek little sheep butt.

Sharla runs away. Judy runs toward the danger as Gideon takes the sheep's fair tickets, then shoves her.

SHARLA   Ow! Cut it out, Gideon!

02. mp3

기디온 그레이가 양을 괴롭히고 있다.

어린 기디온   당장 표 내놔, 안 그러면 네 그 멍청하고 작은 엉덩이를 빵 차버릴 테니까.

샬라가 도망치려 한다. 주디는 기디온이 축제 표를 뺏고 양을 길치는 위험 속으로 달려간다.

샬라   아야! 이러지 마, 기디온.

pick on 괴롭히다 butt (비격식) 엉덩이 fair 축제 shove 밀치다 Cut it out. 그만둬

YOUNG   Baa-baa. What're ya gonna do, cry?
GIDEON

YOUNG JUDY   Hey! You heard her. Cut it out.

               Gideon turns. There's Judy, projecting the image of a tiny Clint
               Eastwood. Gideon laughs.

YOUNG   Nice costume, loser. What crazy world are you living in
GIDEON   where you think a bunny could be a cop?

YOUNG JUDY   Kindly return my friend's tickets.[3]

               Gideon stuffs the tickets in his pocket.

YOUNG   Come get 'em. But watch out, 'cause I'm a fox… and like
GIDEON   you said in your dumb little stage play, us predators used to
               eat prey. And that killer instinct is still in our "Dunnahh."

TRAVIS   (sotto, to Gideon) I'm pretty much sure it's pronounced
               "D-N-A."

YOUNG   Don't tell me what I know, Travis.[4]
GIDEON

YOUNG JUDY   You don't scare me, Gideon.

               Gideon shoves Judy. Hard. She falls. Her nose starts to twitch.

| 어린 기디온 | 매애-매 어쩔 테야, 울려고? |

| 어린 주디 | 야! 쟤 말 들었잖아. 그만해. |

기디온이 몸을 돌리니 마치 꼬마 클린트 이스트우드처럼 폼 잡고 있는 주디가 있다. 기디온이 웃는다.

| 어린 기디온 | 옷 멋있네, 이 찌질아. 토끼 주제에 경찰이 되겠다니, 넌 대체 어떤 정신나간 세상에서 사는 거냐? |

| 어린 주디 | 미안하지만, 내 친구 표를 돌려주시지. |

기디온은 표를 자기 주머니에 쑤셔 넣는다.

| 어린 기디온 | 와서 뺏어봐. 하지만 조심해. 난 여우거든. 그 웃긴 연극에서 네가 그랬잖아. 우리 맹수들이 예전에는 약한 동물을 잡아먹었다고. 그 야수의 피가 아직 우리 '더나아'에 흐르거든. |

| 트래비스 | (기디온에게 소리를 낮추어) 그건 '디엔에이'라고 발음하는 게 맞아. |

| 어린 기디온 | 나도 알아, 트래비스. |

| 어린 주디 | 난 너 따위한테 겁먹지 않아, 기디온. |

기디온이 주디를 밀친다. 아주 세게. 주디가 넘어진다. 주디의 코가 씰룩거린다.

project the image of ~이 된 것 같은 이미지를 투사하다 Clint Eastwood 미국 노장 배우 겸 감독으로 서부 무법자나 도시의 터프한 형사로 출연한 영화로 유명 stuff 쑤셔 넣다 instinct 본능 twitch 씰룩거리다

YOUNG GIDEON	You scared now?
	The other prey animals run away, leaving her facing the thugs alone.
TRAVIS	Look at her nose twitch. She is scared!
YOUNG GIDEON	Cry, little baby bunny. Cry, cry–
	Suddenly– BAM! Judy kicks Gideon in the face with her hind legs. He wobbles. And he's mad.
YOUNG GIDEON	Oh, you don't know when to quit, do you?
	He unsheathes his claws like a switchblade, then slaps her, drawing blood from her cheek. She cowers.
YOUNG GIDEON	I want you to remember this moment,[5] the next time you think you'll ever be anything more than just a stupid, carrot farming dumb bunny.

어린 기디온   이제 좀 무섭냐?

주디 혼자 패거리에 남겨둔 채 다른 약한 동물들은 도망간다.

트래비스   쟤 코 씰룩이는 것 좀 봐. 쫄았네!

어린 기디온   꼬마 토끼야, 울어. 울어봐, 울라니까…

갑자기, 뻥! 주디가 뒷발로 기디온의 얼굴을 찬다. 그는 휘청인다. 기디온은 화가 났다.

어린 기디온   아, 넌 언제 그만둬야 하는지 모르는구나.

기디온이 발톱을 잭나이프처럼 휙 내보이더니 주디의 얼굴을 치자, 피가 흐른다. 주디가 몸을 움츠린다.

어린 기디온   멍청하게 홍당무 농사나 짓다가 뭐라도 되는 양 싶으면 이 순간을 기억하라고.

---

thug 갱, 폭력배   hind 뒤쪽의   wobble 흔들리다   unsheathe 발톱을 휙 드러내다, 칼을 칼집에서 꺼내다 (sheathe '칼을 칼집에 넣다')
switchblade 접혀 있던 칼날이 휙 펴지는 잭나이프   cower 겁을 먹고 웅크리다, 숙이다

Gideon and his pals head off, laughing. Judy gets up, wipes the blood from her cheek. She fights tears, defeated.

GARETH That looks bad.

SHARLA Are you okay, Judy?

YOUNG JUDY Yeah. Yeah, I'm okay.

Judy smiles and then whips out the tickets.

YOUNG JUDY Here you go.

SHARLA Wow! You got our tickets!

GARETH You're awesome, Judy!

SHARLA Yeah! That Gideon Grey doesn't know what he's talking about.

Judy picks up the cop hat, puts it on her head.

YOUNG JUDY Well, he was right about one thing; I don't know when to quit.

기디온 패거리가 웃으며 떠난다. 주디는 뺨에서 흐르는 피를 닦으며 일어선다. 진 게 분해서 눈물 나는 것을 참는다.

개러스 아프겠다.

샬라 괜찮니, 주디?

어린 주디 그래. 그래, 괜찮아.

주디는 미소 짓더니 표를 휙 꺼낸다.

어린 주디 여기 있어.

샬라 와! 우리 표잖아!

개러스 대단해, 주디!

샬라 그래! 기디온 그레이는 자기가 무슨 말을 하는지도 몰라.

주디는 경찰 모자를 줍더니 머리에 쓴다.

어린 주디 그런데, 걔 말 중에서 하나는 맞아. 난 언제 그만둬야 하는지 모르거든.

---

head off 떠나다 **fight tears** 눈물이 나오려는 것을 참다 **defeated** 패배한 **whip out** 휙 꺼내다

SEQUENCE 118.0 — "TRAINING MONTAGE"

Scene changes to the "Zootopia Police Academy" where Judy, grown up, is with other much larger animals. The caption shows 15 Years Later... Major Friedkin lectures them.

MAJOR FRIEDKIN
Listen up, Cadets! Zootopia has 12 unique ecosystems within its city limits–Tundratown, Sahara Square, Rainforest District, to name a few. You're gonna have to master all of 'em before you hit the streets– or guess what? (to Hopps) You'll be dead!

IN SAHARA SQUARE SIMULATOR: Hopps struggles through the sand.

MAJOR FRIEDKIN
Scorching sandstorm! You're dead, bunny bumpkin!

ON THE VINE-COVERED MONKEY BARS: Hopps swings across the bars, simulating the RAINFOREST DISTRICT. She falls off, landing face first in the mud.

MAJOR FRIEDKIN
1,000 foot fall! You're dead, carrot face!

TUNDRATOWN ICE WALL: Judy and the cadets sprint toward the wall. Hopps slides off.

장면 118.0 — "훈련 장면 몽타주"

'주토피아 경찰학교' 장면으로 바뀐다. 어른이 된 주디는 덩치가 큰 동물들 사이에 있다. '15년 후' 자막. 프리드킨 교관이 강의한다.

프리드킨 교관 후보생들은 잘 들어라! 주토피아 시는 12개의 독특한 생태계가 있다. 툰드라 타운, 사하라 광장, 열대우림 등. 자네들은 거리에 나가 임무를 수행하기 전에 이 지역에 적응해야 한다. 그러지 못하면? (주디에게) 넌 그냥 죽는 거다!

사하라 광장 시뮬레이터: 주디가 모래 속에서 허우적거린다.

프리드킨 교관 모든 걸 태워버리는 모래 폭풍! 넌 죽었다, 촌뜨기 토끼!

넝쿨로 뒤덮인 정글짐: 주디가 열대우림 구역을 시뮬레이션한 정글짐 막대를 잡고 몸을 흔들다 떨어져 진흙 바닥에 얼굴을 박는다.

프리드킨 교관 천 피트 높이에서 추락! 넌 죽었다, 홍당무!

툰드라 타운의 빙벽: 주디와 훈련생들이 빙벽으로 달려간다. 주디는 미끄러져 떨어진다.

---

lecture 설교(강의)하다   cadet 후보생   unique 특별한, 고유의   ecosystem 생태계   simulator 시뮬레이터, 모의실험 장치
scorching 불에 타는 듯한   bumpkin 시골뜨기, 촌놈   vine-covered 덩쿨이 넝쿨로 뒤덮인   monkey bars 놀이터에 있는 '정글짐'
sprint 전력 질주하다

MAJOR FRIEDKIN Frigid ice wall! You're dead, farm girl!

IN THE BOXING RING: Hopps gets in the ring with a BIG RHINO.

MAJOR FRIEDKIN E-normous criminal.

Hopps gets punched.

MAJOR FRIEDKIN You're dead!

QUICK CUTS OF FAILURE:

MAJOR FRIEDKIN You're dead! / Dead! / Dead!

IN THE TOILET: Hopps walks into a stall. The toilet is considerably larger than she is. She shuts the door. We see her climb up the toilet. Then, KERSPLASH! Hopps falls into the toilet.

MAJOR FRIEDKIN Filthy toilet! You're dead, fluff butt!

HOPPS ON HER OWN: She runs at sunset— when everyone else has called it a day. We HEAR Gideon Grey, her parents, and the drill instructor's voices echoing in her mind.

프리드킨 교관 꽝꽝 언 빙벽! 넌 죽었어, 촌뜨기!

권투 경기장: 주디가 덩치가 큰 코뿔소와 권투 경기장에 들어선다.

프리드킨 교관 덩치 큰 범죄자.

주디는 맞아 떨어진다.

프리드킨 교관 넌 죽었어!

실패 장면이 빠르게 지나간다.

프리드킨 교관 넌 죽었다! / 죽었다! / 죽었어!

화장실: 주디가 화장실 칸으로 들어간다. 변기는 주디보다 훨씬 크다. 주디는 문을 닫더니 변기로 기어올라간다. 첨벙! 변기 안으로 떨어진다.

프리드킨 교관 더러운 변기통에 빠졌군! 넌 죽었어. 이 털뭉치!

주디의 연습 장면: 훈련생들이 일과를 끝낸. 해 질 무렵 주디가 뛴다. 기디온 그레이, 주디의 부모, 그리고 교관의 목소리가 주디의 가슴 속에서 메아리치는 것이 들린다.

frigid 몹시 추운 enormous 거대한 criminal 범인, 범죄의 stall 화장실의 변기가 하나 있는 '칸' filthy 더러운 fluff 솜털이 보송보송한 call it a day 하루 일을 끝낸다 drill instructor 교관

MAJOR FRIEDKIN   (O.S.) Just quit and go home, fuzzy bunny!

STU HOPPS   (O.S.) There's never been a bunny cop.

BONNIE HOPPS (O.S.) Never.

STU HOPPS   (O.S.) Never.

YOUNG GIDEON   (O.S.) Just a stupid, carrot farming dumb bunny.

OVERNIGHT, IN THE BARRACKS: Hopps stays up late studying, doing sit-ups.

ON THE ICE WALL: Hopps bounds up the wall, jumps off of the backs of the big animals and makes it over, impressing Major Friedkin.

프리드킨 교관 (화면 밖 목소리) 그냥 포기하고 집에 가, 멍청한 토끼!

스튜 홉스 (화면 밖 목소리) 토끼 경찰은 듣도 보도 못했어.

보니 홉스 (화면 밖 목소리) 듣도 보도 못했지.

스튜 홉스 (화면 밖 목소리) 어림도 없어.

어린 기디온 (화면 밖 목소리) 멍청하게 홍당무 농사나 짓는 토끼야.

늦은 밤, 숙소: 주디는 윗몸 일으키기를 하면서 밤늦도록 공부한다.

빙벽: 주디는 빙벽을 껑충 뛰어올라가더니 덩치가 큰 다른 동물들의 등을 딛고 점프해 빙벽을 훌쩍 넘는다. 프리드킨 교관이 감탄한다.

---

fuzzy 멍청한 do sit-ups 윗몸 일으키기 운동하다 impress 깊은 인상을 주다

IN THE RING: Hopps dodges a few swings. The Rhino misses. Hopps bounds over him and uses his momentum— kicking his other hand into his face, knocking him down.

SEQUENCE 120.0 — "GRADUATION"

EXT. POLICE ACADEMY — DAY

We move down a line of cops and find Hopps in her cop uniform— a good 3 feet shorter than everyone else. MAYOR LIONHEART is at the podium.

MAYOR LIONHEART As Mayor of Zootopia, I am proud to announce that my Mammal Inclusion Initiative has produced its first police academy graduate, valedictorian of her class, ZPD's very first rabbit officer... Judy Hopps.

Hopps walks across the stage to applause.

STU HOPPS (sobbing) Oh gosh...

MAYOR LIONHEART (clear his throat) Assistant Mayor Bellwether, her badge.

BELLWETHER Oh! Yes, right.

권투 경기장: 주디가 헛방을 날리는 코뿔소의 주먹을 몇 번 피한다. 주디는 코뿔소를 뛰어넘는다. 그러더니 코뿔소의 탄성을 이용해서 다른 주먹으로 자기 얼굴을 강타하게 만든다. 코뿔소가 쓰러진다.

장면 120.0 — "졸업"

실외. 경찰학교 — 낮

경찰관들이 줄지어 서 있고, 다른 경찰들보다 3피트는 족히 작은 주디가 경찰관 제복을 입은 모습이 보인다. 라이언하트 시장이 연단에 서 있다.

| 라이언하트 시장 | 주토피아 시장으로서, 제가 시행한 포유류 통합 정책 일환으로 경찰학교에서 제1회 졸업생을 배출해낸 것이 자랑스럽습니다. 졸업생 대표는 주토피아 경찰서 최초의 토끼 경찰 주디 홉스입니다. |

주디가 연단에 올라 걸어가자 박수갈채가 터진다.

| 스튜 홉스 | (흐느낀다) 오 세상에… |

| 라이언하트 시장 | (헛기침 하며) 벨웨더 보좌관, 배지 달아야지. |

| 벨웨더 | 아! 네, 알았어요. |

---

dodge 몸을 획 비켜 피하다　**rhino** 코뿔소　**momentum** 탄력, 가속도　**feet** 길이(키) 단위, 1ft는 약 31cm (3ft = 약 91cm)　**podium** 연단　**Mammal Inclusion Initiative** 포유동물 통합 계획 (mammal 포유동물 | inclusion 사회·생활에 '통합'시킨다 | initiative 계획)　**valedictorian** 졸업생 대표로 연설하는 학생

Bellwether pins Hopps' ZPD badge on her.

MAYOR LIONHEART Thank you.

MAYOR LIONHEART Judy, it is my great privilege to officially assign you to the heart of Zootopia:[6] Precinct One, City Center.

BELLWETHER Congratulations, Officer Hopps.

JUDY HOPPS I won't let you down. This has been my dream since I was a kid.[7]

BELLWETHER You know it's a– it's a real proud day for us little guys.

MAYOR LIONHEART (pushes Bellwether out of the way) Bellwether, make room, will you? Come on. Okay, Officer Hopps, let's see those teeth!

Photographers take pictures of Judy and Mayor Lionheart as Bellwether tries to move in.

벨웨더는 주디에게 주토피아 경찰 배지를 달아 준다.

라이언하트 시장 고맙네.

라이언하트 시장 주디, 자네를 공식적으로 주토피아 중심부인 제1관할구역 시티 센터로 발령을 내어 기쁘기 그지없네.

벨웨더 축하해요, 홉스 경관.

주디 홉스 실망시켜 드리지 않겠습니다. 경찰관은 어렸을 때부터 저의 꿈이었어요.

벨웨더 우리 작은 동물들에게는 정말 자랑스러운 날이에요.

라이언하트 시장 (벨웨더를 밀어내며) 벨웨더, 자리 좀 내주게나, 자, 홉스 경관, 그 이빨 드러내고 웃게!

사진사들이 주디와 시장을 찍는다. 벨웨더는 끼려고 애쓴다.

---

privilege 특권 officially 공식적으로 assign 배치하다, 맡기다 precinct (경찰) 관할구, 구역 make room 공간을 만들다

CHAPTER 3

Welcome to Zootopia

SEQUENCE 125.0 — "THE TRAIN STATION"

EXT. BUNNYBURROW TRAIN STATION — DAY
Stu, Bonnie, and several SIBLINGS accompany Judy to the train station.

BONNIE HOPPS   We're real proud of you, Judy.

STU HOPPS   Yeah. Scared, too. Really, it's a proud scared combo. I mean, Zootopia. It's so far away and such a big city.

JUDY HOPPS   Guys, I've been working for this my whole life.[8]

BONNIE HOPPS   We know. And we're just a little excited for you, but terrified.

JUDY HOPPS   The only thing we have to fear is fear itself.

03. mp3

장면 125.0 — "기차역"

실외. 버니빌 기차역 — 낮
홉스 부부와 형제자매들이 주디와 함께 기차역에 있다.

보니 홉스   우리는 네가 정말 자랑스럽단다, 주디.

스튜 홉스   그래. 좀 무섭기도 하고. 이건 정말 자랑스럽고도 무서운 콤보네. 내 말은 주토피아가 그렇다는 거야. 너무 멀리 떨어져 있는데다 엄청나게 큰 도시니까.

주디 홉스   엄마 아빠, 평생 이 일을 위해 노력했어요.

보니 홉스   우리도 알아. 우린 기쁘지만 무섭기도 한 거지.

주디 홉스   우리가 두려워해야 하는 건 두려움뿐이에요.

---

sibling 형제자매 **accompany** 동반하다 **proud-scared combo** 자랑스럽기도 하고 겁이 나기도 한다 (combo 여러 종류를 섞어 제공하는 요리) **terrified** 겁이 난

STU HOPPS   And also bears. We have bears to fear, too. To say nothing of lions, and wolves...

BONNIE HOPPS Wolves?

STU HOPPS   ...weasels.

BONNIE HOPPS You play cribbage with a weasel.

STU HOPPS   And he cheats like there's no tomorrow.⁹ You know what, pretty much all predators– and Zootopia's full of 'em.

BONNIE HOPPS Oh, Stu.

STU HOPPS   And foxes are the worst.

BONNIE HOPPS (then, retreating) Actually, your father does have a point there. It's in their biology. Remember what happened with Gideon Grey.

JUDY HOPPS   When I was 9. Gideon Grey was a jerk, who happened to be a fox. I know plenty of bunnies who are jerks.

STU HOPPS   Sure. We all do. Absolutely. But just in case, we made you a little care package to take with you.

스튜 홉스	그리고 곰도. 우리는 곰도 두려워해야 돼. 사자니 늑대니 하는 것은 말할 것도 없고.
보니 홉스	늑대?
스튜 홉스	…족제비도.
보니 홉스	당신은 족제비랑 크리비지 카드놀이도 하잖아.
스튜 홉스	족제비는 내일이면 세상이 망할 것처럼 엄청나게 속여. 알지, 맹수들은 다 똑같아. 주토피아에는 그런 맹수들이 득실거리잖아.
보니 홉스	오, 스튜.
스튜 홉스	그리고 여우들이 최악이야.
보니 홉스	(그러자 수긍하며) 사실 네 아빠 말이 맞아. 타고났거든. 기디온 그레이 일을 생각해 봐.
주디 홉스	그건 내가 아홉 살 때 일이죠. 기디온 그레이는 양아치였어요. 그런 애가 여우였을 뿐이고요. 못된 토끼도 많이 알고 있는 걸요.
스튜 홉스	물론이지, 우리도 알아. 하지만 혹시나 해서 네가 가져갈 비상용품을 좀 챙겼단다.

---

to say nothing of ~은 말할 것도 없고 weasel 족제비 cribbage 카드 게임 일종 ret-eat 물러서다, 퇴각하다 biology 생물학
jerk 얼간이

BONNIE HOPPS   And I put some snacks in there.

> Judy looks inside a bag, sees a bunch of PINK FOX DETERRENTS.

STU HOPPS   This is fox deterrent.

BONNIE HOPPS   Yeah, that's safe to have.

STU HOPPS   This is fox repellent...

BONNIE HOPPS   Okay, the deterrent and the repellent. That's all she needs.

> Stu removes a Fox Taser, fires it up. It sizzles.

STU HOPPS   Check this out!

BONNIE HOPPS   Oh, for goodness sake. She has no need for a fox taser, Stu.

STU HOPPS   Oh come on, when is there not a need for a fox taser?

JUDY HOPPS   Okay, look, I will take this to make you stop talking.

> The train pulls up. Judy grabs the pink fox repellent from the bag.

보니 홉스   그리고 내가 간식도 좀 넣었단다.

가방 안에 분홍색 여우 접근 방지제가 한 묶음 들어 있는 것이 주디 눈에 보인다.

스튜 홉스   이건 여우 접근 방지제야.

보니 홉스   그래, 가지고 다니는 것이 안전해.

스튜 홉스   이건 여우 꺼져 스프레이…

보니 홉스   그래, 여우 접근 방지제랑 여우 꺼져 스프레이. 주디는 이것만 있으면 돼.

아빠가 여우 퇴치용 전기충격기를 꺼내 쏜다. 충격기가 지글거린다.

스튜 홉스   잘 봐둬라!

보니 홉스   오, 이런. 주디는 전기충격기는 필요 없어, 여보.

스튜 홉스   아니, 무슨 소리야. 여우 퇴치용 전기충격기가 필요 없는 때가 어디 있다고?

주디 홉스   알았어요, 보세요, 그만 다투시라고 내가 이것만 가지고 갈게요.

기차가 들어온다. 주디는 가방 안에서 분홍색 여우 꺼져 스프레이를 움켜쥔다.

---

deterrent 접근 방지제   **repellent** 퇴치제(기)   **taser** 전기충격기   **fire up** 쏘다   **sizzle** 지글거리다   **pull up** (자동차, 기차 등이) 다가와 서다

STU HOPPS　　Terrific! Everyone wins!

TRAIN CONDUCTOR　　(O.S.) Arriving! Zootopia Express!

JUDY HOPPS　　OK. Gotta go. Bye!

Judy heads for the train, head held high. No turning back. Stu and Bonnie watch, both holding back tears. Suddenly, the emotion catches up with Judy. She turns, runs back to her parents, hugs them tight.

JUDY HOPPS　　I love you guys.

BONNIE HOPPS　　Love you, too!

Then Judy runs off and jumps on the train.

STU HOPPS　　Oh cripes, here come the waterworks.

스튜 홉스   좋아! 모두 윈윈이다!

기차 차장   (화면 밖 목소리) 기차가 도착했습니다! 주토피아행 급행입니다!

주디 홉스   자, 가야겠어요. 바이!

주디는 절대로 돌아오지 않겠다는 듯이 머리를 꼿꼿이 쳐들고 기차로 간다. 홉스 부부는 눈물을 참으며 보고 있다. 갑자기 감정에 복받친 주디는 몸을 돌리더니 부모에게 뛰어와 꽉 안는다.

주디 홉스   사랑해요.

보니 홉스   나도 사랑해!

그러고 주디는 뛰어서 기차에 올라탄다.

스튜 홉스   이런, 제길, 눈물이 쏟아지네.

---

express 급행열차 head for ~로 향하다 head held high 머리를 꼿꼿이 쳐들고 hold back tears 눈물을 참다 the emotion catches up 감정에 복받치다 cripes 이런, 에이 참 waterworks 급수시설, 수도 (눈에서 눈물이 난다)

BONNIE HOPPS Oh Stu, pull it together.

JUDY HOPPS Bye, everybody!

STU HOPPS Bye-bye, Judy!

COTTON Bye, Judy! I love you!

As the train pulls away, her family runs next to it, waving.

CROWD OF BUNNIES Bye! Bye!

JUDY HOPPS Goodbye!

As their faces recede into the distance, Hopps climbs to the observation deck and takes a breath. She pulls out her iPaw and clicks play... her new life is about to begin.

SEQUENCE 130.0 — "TRAIN RIDE"

<u>**INT. TRAIN — DAY**</u>

Gazelle's "TRY EVERYTHING" begins to play. She looks up. Her eyes light up. There in the distance is...

보니 홉스	오 스튜, 수도꼭지 잠가.
주디 홉스	모두 안녕!
스튜 홉스	잘 가라, 애야!
카튼	안녕, 주디! 사랑해!

기차가 출발하자 가족들은 손을 흔들며 기차와 함께 뛴다.

토끼 무리	안녕! 잘 가!
주디 홉스	안녕!

가족들의 얼굴이 멀리 사라지자 주디는 기차의 전망대로 올라가 심호흡을 한 번 한다. 그리고는 아이포를 꺼내 플레이를 누른다. 이제 새로운 생활이 시작된다.

장면 130.0 — "기차 여행"

실내. 기차 — 낮

가젤의 "모든 걸 해 봐" 노래가 시작된다. 주디는 고개를 든다. 눈이 반짝인다. 저 멀리 보이는 것은…

---

recede into the distance 멀리 사라지다 **observation deck** 전망대 **take a breath** 심호흡을 하다 **light up** 반짝이다

EXT. ZOOTOPIA CITY

...THE UNBELIEVABLE ANIMAL METROPOLIS of ZOOTOPIA, which is comprised of amazing habitat "boroughs." The train whips past SAHARA SQUARE, TUNDRATOWN, RAINFOREST DISTRICT, etc. In each of these we see a funny, animally slice of life for each habitat.

SEQUENCE 132.0 — "FIRST DAY IN ZOOTOPIA"

INT. ZOOTOPIA CENTRAL STATION — A LITTLE LATER

Hopps spills out of the train... and we are now in a MULTI-SCALE ENVIRONMENT: everything from mice to elephants. A JUMBOTRON featuring a gazelle pop star, GAZELLE, blares its message in a loop.

GAZELLE (on a video billboard) I'm Gazelle. Welcome to Zootopia.

INT. JUDY'S APARTMENT

DHARMA ARMADILLO, Judy's older ARMADILLO LANDLADY, opens the door to Judy's new apartment.

실외. 주토피아 시

동물들이 사는 엄청난 대도시 주토피아가 보인다. 서식지 별로 나뉜 '구역'으로 이루어진 대도시다. 기차는 사하라 광장, 툰드라 타운, 열대우림 구역 등을 획획 지나간다. 각 서식지를 지날 때마다 재미있는 동물들의 생활 양식이 보인다.

장면 132.0 — "주토피아에서의 첫째 날"

실내. 주토피아 중앙역 — 잠시 후

주디는 기차에서 내린다. 생쥐부터 코끼리까지 뒤섞인 다양한 동물군으로 이루어진 환경이 보인다. 영양 팝스타인 가젤이 나오는 대형 스크린에서 광고 메시지가 흘러나온다.

가젤　　　(광고판에서) 난 가젤이에요. 주토피아에 오신 걸 환영합니다.

실내. 주디 아파트

주디가 살게 될 아파트의 나이 든 주인, 달마 아르마딜로가 방문을 연다.

---

metropolis 대도시　be comprised of ~으로 구성되어 있다　habitat 서식지　borough 자치구　whip past ~을 획획 지나치다　spill out of 무리에 섞여 ~에서 내리다　jumbotron 거리에 설치된 대형 전광판　in a loop 계속 반복되어　armadillo 아르마딜로 (천산갑)　landlady 여자 집주인

DHARMA
ARMADILLO

Welcome to the Grand Pangolin Arms. Luxury Apartments with charm.

Judy discovers the room is a tiny, crappy studio apartment.

DHARMA
ARMADILLO

Complimentary de-lousing once a month.[10] Don't lose your key.

As Judy takes this in, her NEIGHBORS, Bucky & Pronk Oryx pass by in the hall.

JUDY HOPPS

Thank you! (to the Oryx) Oh hi, I'm Judy. Your new neighbor.

BUCKY ORYX

Yeah? Well, we're loud.

| 집주인 | 주토피아 최고의 아파트에 잘 왔어요. 매력 있는 고급 아파트죠.

주디는 작고 후진 원룸이라는 것을 알게 된다.

| 집주인 | 한 달에 한 번 무료 소독을 해요. 열쇠를 잃어버리지 마세요.

주디가 열쇠를 받는데, 이웃인 버키 오릭스와 프롱크 오릭스가 복도를 지나간다.

| 주디 홉스 | 고마워요! (오릭스 커플에게) 아, 안녕하세요, 전 주디예요. 새로 이사 왔어요.

| 버키 오릭스 | 그래? 그런데 우린 좀 시끄러운데.

---

pangolin 천산갑 charm 매력 crappy 형편없는, 후진 studio apartment 원룸 아파트 complmentary 무료의 de-lousing 이(lice)를 없애다 oryx 오릭스 (몸집이 크고 뿔이 긴 영양)

PRONK ORYX   Don't expect us to apologize for it.

    Their door slams; Judy looks around the room.

JUDY HOPPS   Greasy walls... rickety bed...

BUCKY ORYX   (O.S.) Shut up!

PRONK ORYX   (O.S.) You shut up!

BUCKY ORYX   (O.S.) No! You shut up!

PRONK ORYX   (O.S.) I said shut up!

BUCKY ORYX   (O.S.) Will you shut up?

JUDY HOPPS   Crazy neighbors. (big smile as she flops on bed) I love it.

    She collapses on her bed, exhausted but overjoyed.

프롱크 오릭스　사과는 기대도 하지 마.

그들이 문이 쾅 닫히고, 주디는 방을 둘러본다.

주디 홉스　기름때 가득한 벽지에… 낡은 침대…

버키 오릭스　(화면 밖 목소리) 입 다물어!

프롱크 오릭스　(화면 밖 목소리) 너나 입 다물어!

버키 오릭스　(화면 밖 목소리) 싫어! 너나 닥쳐!

프롱크 오릭스　(화면 밖 목소리) 입 좀 닥치라고 했잖아!

버키 오릭스　(화면 밖 목소리) 입 좀 다물래?

주디 홉스　미친 이웃에. (침대에 풀썩 누우며 크게 미소를 지으며) 너무 좋은데!

너무 지치기는 했지만 기분이 엄청 좋은 주디는 침대에 눕는다.

apologize 사죄하다　greasy 기름투성이의　rickety 삐걱거리는　flop on bed 침대에 풀썩 눕다　collapse 드러눕다　exhausted 아주 지친　overjoyed 아주 기쁜

CHAPTER 4

Meter Maid Duty

SEQUENCE 140.0 — "WELCOME TO THE ZPD"

The alarm goes off at 5:30; Judy turns it off, gets in her uniform, polishes her badge, unlocks her door and grabs her key. She looks at the fox repellent.

JUDY HOPPS Eh...

Judy leaves the room. A few seconds later, she goes back in and grabs the repellent.

INT. ZOOTOPIA POLICE DEPARTMENT — MORNING

A tiger cop takes in a wolf with a muzzle.

MUZZLED WOLF Oh come on, he bared his teeth first–

04. mp3

장면 140.0 — "주토피아 경찰서에 온 것을 환영합니다"

알람이 5시 30분에 울리고, 주디는 그것을 끈다. 유니폼을 입고 배지를 닦고 문 열고 열쇠를 챙긴다. 그녀는 여우 꺼져 스프레이를 본다.

주디 홉스   어…

주디가 방을 나간다. 몇 초 후, 다시 들어와 스프레이를 챙긴다.

실내. 주토피아 경찰서 — 아침
호랑이 경찰이 입마개를 한 늑대를 연행하고 있다.

입마개한 늑대   아니, 내 말 좀 들어봐, 개가 먼저 이빨을 드러냈다니까.

---

turn off 끄다 **polish** 닦다 **muzzle** (맹수의 입에 씌우는) 입마개 **bare one's teeth** (맹수 등이) 이빨을 드러내다

We land at the front desk and find CLAWHAUSER, a PUDGY CHEETAH COP, eating a bowl of cereal.

JUDY HOPPS (O.S.) 'Scuse me! Down here? Down here. Hi.

Clawhauser leans over the desk to find Hopps.

CLAWHAUSER O-M goodness! They really did hire a bunny. WHAT?! I gotta tell ya![11] You are even cuter than I thought you'd be.

JUDY HOPPS (a little wince) Ooo, you probably didn't know, but a bunny can call another bunny "cute," but when other animals do it, it's a little...

CLAWHAUSER (gasps, realizing) Oh, I am so sorry. Me, Benjamin Clawhauser, the guy everyone thinks is just a flabby, donut-loving cop, stereotyping you...

안내 데스크에 있는 클로하우저가 보인다. 얼굴이 통통한 치타 경찰인 클로하우저는 시리얼 한 사발을 먹고 있다.

주디 홉스 (화면 밖 목소리) 실례합니다! 여기요? 여기 아래요. 안녕하세요.

클로하우저가 데스크 너머로 몸을 굽히니 주디가 보인다.

클로하우저 세상에! 진짜 토끼를 채용했네. 뭐야?! 이 말은 해야겠네! 생각보다 훨씬 더 귀엽잖아.

주디 홉스 (약간 찡그리며) 오, 선배님은 모르셨나 본데요, 토끼들은 다른 토끼한테 "귀엽다"는 말을 하기도 해요. 그런데 다른 동물들이 그런 말을 하면 그건 좀…

클로하우저 (헉 하며, 상황을 깨닫고) 아, 미안해. 나는 벤자민 클로하우저야. 다들 도넛이나 좋아하고 살이나 뚱뚱하게 찐 경찰이라고 생각하지. 내가 판에 박힌 말을 해서…

pudgy 포동포동한 **lean over** 위로 몸을 구부리다 **wince** 움찔거리며 얼굴을 찡그리다 **flabby** 살이 뚱뚱하게 찐 **stereotype** 선입견을 가지고 대하다

JUDY HOPPS   It's okay– oh, um, actually, you've actually– you've actually got a– there's a– in your neck– the fold– the– there's–

Clawhauser removes a small donut from under some neck fat.

CLAWHAUSER   There you went, you little dickens!

He crams the donut into his mouth.

JUDY HOPPS   (laughs nervously) ...I should get to roll call, so... which way do I–?

CLAWHAUSER   Oh! Bullpen's over there to the left.

JUDY HOPPS   Great, thank you!

Clawhauser watches admiringly as she heads to the bullpen.

CLAWHAUSER   (to himself, wistful) Aw... that poor little bunny's gonna get eaten alive.[12]

INT. ZPD — BULLPEN

Hopps enters the bullpen, by far the smallest animal in the room: rhinos, buffalo, hippos, elephants, etc. Hopps holds her paw out to a tough RHINO, MCHORN.

주디 홉스 괜찮아요. 아, 저기, 사실, 저… 목에 뭐가… 끼어서…

클로하우저가 목살 사이에 낀 도넛을 꺼낸다.

클로하우저 여기 들어가 있었구나, 이런 꼬맹이 녀석!

클로하우저가 도넛을 입에 쑤셔 넣는다.

주디 홉스 (어색하게 웃으며) …제가 보고해야 하는데, 그래서… 어디로 가야 하죠?

클로하우저 아! 회의실은 저기, 왼쪽이야.

주디 홉스 그렇군요, 고마워요!

클로하우저는 주디가 회의실로 가는 것을 감탄한 듯이 지켜본다.

클로하우저 (혼잣말로 애석한 듯이) 이런, 저 불쌍한 작은 토끼는 산 채로 잡아먹힐 텐데.

실내. 주토피아 경찰서 – 회의실
주디가 회의실로 들어선다. 코뿔소, 물소, 하마, 코끼리 등 덩치가 큰 동물들이 들어찬 곳에서 주디는 제일 작다. 주디는 엄하게 생긴 코뿔소 맥혼에게 발을 내민다.

---

fold (목의) 주름 **dickens** 매력적인, 귀여운 **cram** 쑤셔 넣다 **roll call** 점호 **bullpen** 점호실, 사무실 **admiringly** 감탄하듯이 **head to** ~로 향하다 **wistful** 애석한 듯이

JUDY HOPPS Hey. Officer Hopps. You ready to make the world a better place?

McHorn gives Hopps a reluctant fist bump, pushes her and her chair a few feet away.

OFFICER HIGGINS ATTEN-HUT!

In walks CHIEF BOGO, a gruff CAPE BUFFALO. The officers bang their fists on the desks.

CHIEF BOGO All right, all right. Everybody sit.

Judy sits, but when she sits, only the tips of her ears are shown.

CHIEF BOGO I've got three items on the docket.

CHIEF BOGO First... we need to acknowledge the elephant in the room. (to elephant) Francine, happy birthday.

Other cops clap, turns into excitement.

CHIEF BOGO Number two; There are some new recruits with us I should introduce.[13] But I'm not going to, because I don't care.

| 주디 홉스 | 안녕, 난 경찰관 홉스야. 이 세상을 더 나은 곳으로 만들 준비가 됐니? |

맥혼은 마지못해 주디와 주먹 인사를 하는데, 그녀를 밀어서 한참 멀어지게 한다.

| 히긴스 경관 | 차렷! |

무뚝뚝하게 생긴 아프리카물소인 보고 서장이 들어온다. 경관들이 책상을 주먹으로 친다.

| 보고 서장 | 됐어, 됐어. 모두 자리에 앉아. |

주디가 자리에 앉자 그녀의 귀 끄트머리만 살짝 보인다.

| 보고 서장 | 오늘은 세 가지 사항을 말하겠다. |

| 보고 서장 | 첫째, 코끼리에게 축하할 일이 있다. (코끼리에게) 프랜신, 생일 축하하네. |

경찰관들이 박수를 치고, 환호의 분위기로 변한다.

| 보고 서장 | 둘째, 신참들이 몇 와서 내가 소개해야 할 것 같은데, 하지 않겠다. 난 관심이 없거든. |

---

reluctant 마지못해서 하는 fist bump 주먹치기 인사 gruff 퉁명스럽고 거친 cape buffalo 아프리카 물소 docket 안건 목록
acknowledge 인정하다, 감사를 표하다 recruit 신입

He turns to a MAP labeled MISSING MAMMAL CASES.

CHIEF BOGO Finally, we have 14 missing mammal cases. All predators, from a giant polar bear to a teensy little otter. And City Hall is right up my tail to find them. This is priority number one. Assignments!

CHIEF BOGO Officers Grizzoli, Fangmeyer, Delgato– your teams take Missing Mammals from the Rainforest District. Officers McHorn, Rhinowitz, Wolfard, your teams take Sahara Square. Officers Higgins, Snarlov, Trunkaby: Tundratown. And finally, our first bunny, Officer Hopps.

Hopps sits up, expectant but steely.

CHIEF BOGO Parking Duty. Dismissed!

보고는 '포유류 실종 사건'이 붙어 있는 지도로 몸을 돌린다.

보고 서장 끝으로, 현재 실종 신고가 열넷 건이다. 북극곰부터 작은 수달까지 모두 육식동물이다. 모두 이 사건을 최우선으로 둘 것. 사건 배정!

보고 서장 그리졸리, 팽마이어, 델가토. 자네들은 열대우림 구역의 포유류 실종 사건을 맡게. 맥혼, 라이노비츠, 울포드, 자네들은 사하라 광장. 히긴스, 스날로브, 트렁커비는 툰드라 타운을 맡게. 그리고 끝으로 최초의 토끼 경찰관 홉스.

주디는 자세를 바로 한다. 기대에 차 있지만 정자세로 차분히 있다.

보고 서장 주차 단속. 이상!

---

missing 실종된 teensy 매우 작은 (= tiny) priority 우선 순위 assignment 배치, 임무 expectant 기대에 찬 steely 흔들림 없이 차분한 자세로 parking duty 주차 단속 임무 dismissed (군대나 경찰 등에서 구령) 해산

JUDY HOPPS   Parking duty? (runs after Bogo) Uh, Chief? Chief Bogo?

JUDY HOPPS   Sir, you said there were 14 missing mammal cases?

CHIEF BOGO   So.

JUDY HOPPS   So I can handle one. You probably forgot, but I was top of my class at the academy.[14]

CHIEF BOGO   Didn't forget. Just don't care.

JUDY HOPPS   Sir, I'm not just some "token" bunny.

CHIEF BOGO   Well, then writing a hundred tickets a day should be easy.

He goes, slamming the door behind him. Judy taps her foot.

JUDY HOPPS   100 tickets…? I'm not gonna write 100 tickets. I'm gonna write 200 tickets! Before noon!

주디 홉스	주차 단속? (보고 서장 뒤를 쫓아간다) 어, 서장님? 보고 서장님?
주디 홉스	서장님, 포유류 실종이 열넷 건이 된다고 말씀하셨잖습니까?
보고 서장	그렇지.
주디 홉스	그러니까 저도 한 건 맡을 수 있습니다. 잊어버리셨나 본데, 저는 경찰학교를 수석으로 졸업했거든요.
보고 서장	잊은 게 아니야. 그런 건 관심 없거든.
주디 홉스	서장님, 전 마스코트 토끼로 경찰에 들어온 게 아닙니다.
보고 서장	뭐, 그렇다면 하루에 주차 위반 딱지 100장 정도 끊는 건 쉽겠군.

보고가 문을 쾅 닫고 나가자 주디는 발을 톡톡 구른다.

주디 홉스	100장이라? 100장은 어림없지. 200장 떼겠어! 정오 전에!

handle 다루다 probably 아마도 token 형식적인, 이름뿐인, 징표

SEQUENCE 150.0 — "METER MAID DUTY"

EXT. METER MAID CART — DAY

Hopps puts on her vest, buckles up, floors the pedal and... takes off at 2 miles an hour. She goes around giving tickets to cars that have expired parking spots. Later, her ears pick up a beeping sound. A parking meter has expired. She tickets dozens of cars: giraffe cars, mouse cars, and everything in between, using her amazing ears to hear the meters ding and racing to them with a ticket and a smile. She looks down at her counter. It's at 200.

JUDY HOPPS Boom! 200 tickets before noon!

Beep! Another meter goes off. Reveal: her own traffic cart is at an expired meter. Judy rolls her eyes and writes herself a ticket.

JUDY HOPPS (equal enthusiasm) 201.

장면 150.0 — "주차 위반 단속원"

실외. 주차 단속 카트 — 낮

주디는 조끼를 입고 안전벨트를 맨 다음 가속 페달을 밟는다. 그러자 시속 2마일 속도로 (매우 느리게) 카트가 앞으로 나아간다. 주차 티켓을 끊기 위해 주차 시간이 경과한 주차 구역 주변을 돌아다닌다. 곧 '삑' 소리에 귀가 쫑긋하는데, 주차 미터기가 경과한 소리다. 주디가 차량 수십 대에 딱지를 끊는다. 기린의 차에서 생쥐의 차까지 각종 차량이 주차되어 있는 미터기가 땡! 소리를 내기 무섭게 주디는 그 밝은 귀를 이용해 듣고 금방 달려가 딱지를 끊고는 미소 짓는다. 주디는 계측기를 내려다본다. 200대 째다.

주디 홉스   앗싸, 12시 전에 200대 달성.

삑! 소리가 들린다. 미터기가 또 울린다. 알고 보니 주디의 카트 주차 미터기 시간이 초과했다. 주디는 눈알을 굴리더니 자기 차에 티켓을 끊는다.

주디 홉스   (열의도 공평하게) 201.

---

buckle up 안전벨트를 매다　floor the pedal (자동차의) 액셀을 밟다　expire 만료되다　parking meter 주차 미터기 (동전을 넣고 차를 주차시킴. 시간이 다 되면 '땡!' 소리가 나면서 빨간색 표시가 나타남)　expired meter 시간이 다 된 주차 미터기　write a ticket 딱지를 떼다　enthusiasm 열의

CHAPTER 5

Con Artist Nick Wilde

SEQUENCE 160.0 — "JUMBO POP"

TRUCK DRIVER Hey, watch where you're going, fox!

Judy hears a car horn and looks across the street to see... a RED FOX. Judy looks at him, a little suspicious. The fox looks around, then slinks into a café. Judy runs across the street and peeks in the window. It's an ice cream parlor, but... the FOX IS GONE.

JUDY HOPPS (sotto) Where'd he go...

INT. JUMBEAUX'S CAFE — MOMENTS LATER

It's an elephant ice cream parlor: Elephants scoop ice cream with their trunks, suck up nuts with their trunks... it's cute and a little gross. Finally, Hopps spots the FOX, he's up at the front. This is NICK WILDE. Hopps walks closer to him, unsnaps the holster of her FOX REPELLENT.

장면 160.0 — "점보 하드"

트럭 기사 이봐, 잘 보고 다니라고, 여우!

주디는 차 경적을 듣고 길 건너를 보는데… 붉은 여우다. 주디는 수상쩍어 그 여우를 본다. 여우는 주변을 살피다가 카페로 슬며시 들어간다. 주디는 뛰어서 길을 건너 창문으로 몰래 본다. 아이스크림 가게다. 그런데… 여우가 사라졌다.

주디 홉스 (낮은 소리로) 어디로 갔지…

실내. 점보 카페 — 잠시 후
코끼리 아이스크림 가게다: 코끼리가 코로 아이스크림을 뜨고, 코로 견과류를 빨아들인다. 귀엽지만 약간 역겹기도 하다. 주디는 마침내 카운터 앞에 서 있는 여우를 발견한다. 이 친구의 이름은 닉 와일드다. 주디는 분홍색 여우 꺼져 스프레이 집을 풀고는 그에게 다가간다.

---

suspicious 수상쩍은 slink into ~으로 슬쩍 들어가다 peek in ~안을 들여다 보다 parlor 가게 sotto 낮은 목소리로 trunk 코끼리의 코 suck up 빨아올리다 gross 역겨운 unsnap (똑딱단추 등을) 끄르다 holster (권총 등의) 집

JERRY JUMBEAUX JR Listen. I don't know what you're doing skulking around during daylight hours, but I don't want any trouble in here. So hit the road![15]

NICK I'm not looking for any trouble either sir, I simply want to buy a Jumbo—pop... for my little boy.

His adorable young son. Hopps sees the kid.

NICK (kneels down) You want the red or the blue, pal?

The little kid wobbles up to the display case, and points at the RED JUMBO-POP. Hopps feels like a jerk for having profiled him. She fastens the snap on her fox repellent.

JUDY HOPPS (leaves) I'm such a...

JERRY JUMBEAUX JR Oh come on, kid, back up. Listen, buddy, what? There aren't any fox ice cream joints in your part of town?

NICK Uh, no no, there are, there are. It's just, my boy– (tousles boy's hair) this goofy little stinker– he loves all things elephant. Wants to be one when he grows up. Isn't that adorable? Who the heck am I to crush his little dreams, huh?

| 제리 점보 주니어 | 이봐, 벌건 대낮에 자네가 무슨 짓을 하려고 돌아다니는지 모르겠지만, 여기서 말썽이 생기는 건 싫으니까. 어서 꺼져! |

| 닉 | 나도 말썽을 부리고 싶지는 않답니다, 사장님. 난 점보 하드를 사고 싶을 뿐이에요… 제 아들 주려고요. |

여우의 귀여운 어린 아들이 보인다. 주디도 그 아이를 본다.

| 닉 | (무릎을 굽히더니) 빨강 걸로 줄까, 파랑 걸로 줄까, 아가? |

꼬마 여우가 뒤뚱거리며 아이스크림 진열대로 가더니 빨간 점보 하드를 가리킨다. 주디는 그를 의심한 자신이 한심하게 생각된다. 그녀는 스프레이 집을 닫는다.

| 주디 홉스 | (떠나며) 이거 뭐… |

| 제리 점보 주니어 | 오, 애야, 물러서. 이봐, 뭐야? 네 동네에는 여우 아이스크림 가게가 없나? |

| 닉 | 아, 아니, 아니. 있긴 있어요. 그냥 제 애가… (아이의 머리를 비비며) 이 철없는 어린 것이 그만 코끼리라면 사족을 못 쓰니. 애는 크면 코끼리가 되고 싶다네요. 귀엽지 않나요? 그러니 제가 뭐라고 이 어린애의 꿈을 짓밟겠어요. 안 그래요? |

---

skulk 몰래 숨다 kneel down 무릎을 꿇다 wobble up to 뒤뚱거리며 ~로 다가가다 display case 진열 선반 feel like a jerk 자신이 찌질하게 느껴지다 profile 인물(범죄) 개요를 쓰다, 분석하다 tousle 머리를 비벼서 헝클어뜨리다 goofy 얼빠진

The boy pulls on an elephant costume, gives a TOOT-TOOT with his toy elephant trunk. Hopps smiles.

JERRY JUMBEAUX JR
Look, you probably can't read, fox but that sign says... (slowly reads SIGN, belittling) WE RESERVE THE RIGHT TO REFUSE SERVICE TO ANYONE. So beat it.

ELEPHANT
You're holding up the line.

The little fox is about to cry, when Hopps walks up.

JUDY HOPPS
Hello? Excuse me?

JERRY JUMBEAUX JR
Hey, you're gonna have to wait your turn like everyone else, meter maid.

JUDY HOPPS
Actually... (reveals badge) I'm... an officer– just had a quick question. Are your customers aware they're getting snot and mucous with their cookies and cream?

아이가 코끼리 의상을 머리에 쓰더니 장난감 코끼리 코로 빵 소리를 낸다. 주디는 미소를 짓는다.

제리 점보 주니어 이봐, 글을 못 읽나본데, 여기에 이렇게 쓰여 있거든… (여우를 깔보듯이 천천히 읽는다) '우리는 누구를 막론하고 서비스를 거절할 권리가 있다.' 그러니까 꺼져.

코끼리 줄 밀리잖아.

꼬마 여우가 울려고 하자 주디가 다가간다.

주디 홉스 안녕하세요? 실례합니다.

제리 점보 주니어 이봐요, 주차 단속원, 다른 동물들처럼 줄을 서요.

주디 홉스 사실 말이죠… (경찰 배지를 보여 주며) 난 경찰관이에요. 잠깐 물어볼게요. 댁의 고객들은 쿠키나 크림을 먹을 때 콧물하고 분비물을 함께 먹는다는 걸 알고 있나요?

---

costume 의상, 변장 belittle 경시(비하)하다 reserve the right to + 동사원형 ~을 할 수 있는 권리를 보유하다 snot 콧물 mucous 코에서 나오는 분비물

Upon hearing this, the male elephant spits the ice cream from his trunk in the female elephant's face.

JERRY JUMBEAUX JR What are you talking about?

JUDY HOPPS Well, I don't wanna cause you any trouble, but I believe scooping ice cream with an un-gloved trunk is a Class 3 Health Code Violation, which is kind of a big deal. (the elephants react) Of course, I could let you off with a warning if you were to glove those trunks and, I don't know, finish selling this nice dad and his son a... (to Nick) what was it?

NICK (surprised admiration) A Jumbo Pop. Please.

JUDY HOPPS A Jumbo Pop.

JERRY JUMBEAUX JR (sighs) Fifteen dollars.

NICK (to Hopps) Thank you so much. Thank you. (then, digs for wallet) Oh no, are you kidding me? I don't have my wallet. I'd lose my head if it weren't attached to my neck, that's the truth. Oh boy, sorry pal, gotta be about worst birthday ever. Please don't be mad at me. (kisses him, to Hopps) Thanks, anyway.

이 말을 들은 한 수컷 코끼리가 암컷 코끼리 얼굴에 먹고 있는 아이스크림을 내뿜는다.

제리 점보 주니어 무슨 말을 하는 거요?

주디 홉스 그게 말이죠, 댁한테 무슨 꼬장을 부리려고 그러는 건 아닌데요, 코에 장갑을 끼지 않고 아이스크림을 푸는 건 제3급 위생법 위반입니다. 중죄에 해당되죠. (코끼리가 움찔한다) 물론 이렇게 하면 경고 정도로 끝낼 수도 있어요. 앞으로 코에다 장갑을 낀다고 약속하고, 그 뭐냐, 이 멋진 아빠랑 아드님에게… (닉에게) 그게 뭐였죠?

닉 (경탄하며) 점보 하드요. 부탁이에요.

주디 홉스 점보 하드요.

제리 점보 주니어 (한숨을 쉬며) 15달러요.

닉 (주디에게) 너무 고마워요. 감사합니다. (그러더니 지갑을 찾는다) 오 맙소사, 이런 일이 다 있어? 지갑이 없잖아. 정말이지, 머리가 모가지에 붙어 있어서 다행이지, 머리도 잃어버릴 뻔했네. 이런, 미안해, 아들. 네 평생 이런 생일은 처음일 것 같아. 아빠한테 화내지 마. (아들에게 키스하더니, 주디에게) 아무튼 고마워요.

---

violation 위반, 침해   big deal 큰 일, 여기서는 '중죄'   warning 경고   admiration 감탄   dig for ~을 찾으려고 주머니를 뒤지다

He turns to go. Hopps slaps some money on the counter.

JUDY HOPPS Keep the change.[16]

EXT. JUMBEAUX'S CAFE — MOMENTS LATER
Nick, holding an ENORMOUS JUMBO—POP, and the boy walk out.

NICK Officer, I can't thank you enough. So kind, really, can I pay you back?[17]

JUDY HOPPS Oh no, my treat– it just– y'know, it burns me up to see folks with such backward attitudes toward foxes. Well, I just wanna say, you're a great dad and just a... a real articulate fella.

NICK Ah, well, that is high praise. It's rare that I find someone so non-patronizing... Officer...

JUDY HOPPS (totally misses his dig) Hopps. Mr...

NICK Wilde. Nick Wilde.

JUDY HOPPS (to Finnick) And you little guy, you want to be an elephant when you grow up... you be an elephant,[18] because this is Zootopia, anyone can be anything.

닉이 몸을 돌려 나가려고 한다. 주디가 카운터에 돈을 탁 올려놓는다.

주디 홉스　　잔돈은 됐어요.

실외. 점보 카페 — 잠시 후
엄청나게 큰 점보 하드를 든 닉과 아들이 나간다.

닉　　경관님, 뭐라고 감사 말씀을 드려야 할지 모르겠어요. 정말 친절하세요. 돈을 갚아도 될까요?

주디 홉스　　아니에요, 제가 쏜 거예요. 전 그냥, 여우에 대해서 그렇게 구닥다리 사고방식으로 대하는 걸 보면 열을 받거든요. 댁은 좋은 아빠에다, 정말 멋진 분인 것 같아요.

닉　　아, 그건 과찬의 말씀이세요. 훈계가 없는 분을 만나는 건 드문 일인데, 경관님 성함이…

주디 홉스　　(그의 술수를 전혀 모른다) 홉스예요, 성함이…

닉　　와일드입니다. 닉 와일드죠.

주디 홉스　　(핀닉에게) 그리고 꼬마야, 넌 크면 코끼리가 되고 싶다고 했지. 너도 코끼리가 될 수 있어. 왜냐하면 주토피아에선 누구나 무엇이든 될 수 있거든.

It burns me up to see ~을 보게 되면 나는 열을 받는다　**folks** 사람들　**backward attitudes** 시대에 뒤떨어진 사고방식　**articulate** 말을 똑 부러지게 하는　**fella** 친구(fellow)를 소리 나는 대로 표기　**praise** 칭찬　**patronizing** 잘난 체하는

Hopps puts a STICKER BADGE on the boy's chest.

NICK
Ah, boy, I tell him that all the time. (gives him the jumbo pop) Alright, here you go. Two paws, yeah. Aw, look at that smile, that's a happy birthday smile! Give her a little bye-bye toot-toot!

The kid toots.

JUDY HOPPS
Toot, toot!

NICK
Bye now!

JUDY HOPPS
Goodbye!

SEQUENCE 170.0 — "NICK'S SCAM REVEALED"

EXT. SAHARA SQUARE — DAY

Hopps continues to write tickets. As she leaves a ticket on a car, through the reflection, she sees Finnick.

JUDY HOPPS
Oh! Hey, little toot toot!

주디는 꼬마의 가슴에 스티커 경찰관 배지를 붙여 준다.

닉　　　아, 나도 늘 그렇게 말하죠. (아이에게 하드를 준다) 자, 여기. 두 발로 받아야지. 그래. 와, 웃는 모습 좀 봐요, 행복한 생일 미소네요! 경찰 누나한테 '빵빵' 인사해야지.

아이가 빵빵 소리를 낸다.

주디 홉스　　　빵빵!

닉　　　그럼 안녕히 가세요!

주디 홉스　　　안녕히 가세요!

장면 170.0 — "닉의 사기 행각이 드러나다"

실외. 사하라 광장 — 낮

주디는 계속해서 주차 위반 딱지를 끊는다. 주디가 어떤 차량 위에다 딱지를 올려놓다가 차유리를 통해 핀닉(닉의 아들)을 본다.

주디 홉스　　　오! 꼬마 빵빵!

scam 사기 행각　through ~을 통해　reflection 반사

She notices Finnick holding a jar, and red juice is pouring out of a rain gutter. Nick is on top of a roof, melting the Jumbo-pop on a chimney grate. After he melts it completely, he tosses the stick down, slides down from the roof, grabs the jars, and he and Finnick walk inside their van and drive off. Judy looks confused as she sees Finnick driving the van.

EXT. TUNDRATOWN — A LITTLE LATER
Hopps follows them to... Tundratown. Nick's "son" uses his little paw prints to create molds, Nick pours the popsicle juice into, creating dozens of smaller popsicles. Hopps looks on, scandalized.

EXT. SAVANNAH CENTRAL — A LITTLE LATER
Hopps watches them resell the "Pawpsicles" to LEMMINGS... when one buys one, they all do.

주디는 핀닉이 병을 들고 있는 것을 보는데, 빗물 홈통을 통해 빨간 주스가 흘러내리고 있다. 닉은 지붕 위에서 점보 하드를 녹이고 있다. 모두 녹인 후 그는 막대를 아래로 던지고 지붕을 미끄러져 내려와 병을 든다. 그와 핀닉은 밴을 타고 떠난다. 주디는 핀닉이 밴을 운전하는 것을 보고 의아하게 본다.

실외. 툰드라 타운 — 잠시 후

주디는 그들을 따라 툰드라 타운까지 간다. 그곳에서 닉의 '아들'은 작은 발바닥을 찍어 틀을 만들고, 닉은 하드 녹은 주스를 붓는다. 그렇게 해서 작은 하드 수십 개를 만든다. 주디는 아연실색한 표정으로 지켜본다.

실외. 사바나 중심 — 잠시 후

주디는 그들이 레밍들에게 '발바닥 하드'를 되파는 것을 지켜본다. 레밍 하나가 사자 모두 따라 산다.

---

rain gutter 빗물 홈통, 낙수받이 grate 쇠살대 create 만들다. 창출하다 mold 금형, 거푸집 popsicle 얼음 과자 scandalized 너무 화가 나 어안이 벙벙한 lemming 레밍, 나그네쥐 when one buys one, they all do 하나가 사자, 모두 산다 (레밍의 집단적인 행동)

NICK	Pawpsicles! Get your pawpsicles!

Nick rakes in the cash. As the lemmings leave, they throw their used popsicle sticks into a RECYCLING BIN. A second later, a small door opens in the bin, and FINNICK steps out with a bundle of used popsicle sticks.

EXT. LITTLE RODENTIA — A LITTLE LATER

Hopps watches Nick plop down a big bundle of USED POPSICLE STICKS in front of a mouse construction worker.

NICK	Lumber delivery!
MOUSE CONSTRUCTION WORKER	What's with the color?
NICK	The color? It's redwood.

| 닉 | 발바닥 하드요! 발바닥 하드 사세요!

닉이 현금을 끌어모은다. 레밍들은 떠나면서 다 먹은 하드 막대기를 재활용 쓰레기통에다 버린다. 잠시 후 쓰레기통의 작은 문이 열리더니 핀닉이 버린 하드 막대기를 가득 끌고 나온다.

실외. 작은 설치목 구역 — 잠시 후
닉이 버린 하드 막대기를 한 아름 건설인부 생쥐 앞에 풀썩 떨어뜨리는 것을 주디가 지켜본다.

| 닉 | 목재 배달이요!

| 건설인부 생쥐 | 색깔이 왜 이래?

| 닉 | 색깔? 이건 적송이야.

rake in the cash 현금을 갈퀴처럼 긁어 들이다   rodentia 쥐 등을 가리키는 설치류   plop down 풀썩 떨어뜨리다   bundle 뭉치
used popsicle stick 하드를 먹은 후 버린 막대기   construction worker 건설인부   lumber 목재

CHAPTER 6

It's Been a Really Long Day

SEQUENCE 180.0 — "NICK'S PHILOSOPHY"

EXT. OUTSIDE LITTLE RODENTIA — MOMENTS LATER

Nick hands his friend Finnick a wad of cash.

NICK
39... 40. There you go. Way to work that diaper, big guy. Hey, no kiss bye-bye for daddy?

FINNICK
(super-deep voice) You kiss me tomorrow, I'll bite your face off. Ciao.

As Finnick drives off in his van, BLARING LOUD RAP MUSIC, we discover HOPPS behind it, and she is furious.

JUDY HOPPS
I stood up for you! And you lied to me! You liar!

장면 180.0 — "닉의 개똥철학"

실외. 작은 설치목 구역 외부 — 잠시 후
닉이 친구인 핀닉에게 돈뭉치를 건넨다.

닉   39, 40. 자, 여기 있어. 기저귀 찬 건 기발했어, 큰 애기. 이봐, 아빠한테 뽀뽀도 안 하나?

핀닉   (아주 묵직한 목소리로) 내일 나한테 뽀뽀했다간 네 얼굴을 물어뜯어버릴 거야. 잘 가.

핀닉이 요란스러운 랩을 튼 채 밴을 타고 사라지자 화난 모습의 주디가 보인다.

주디 홉스   난 너희들 편이 됐는데! 넌 나한테 거짓말을 했어! 이 거짓말쟁이!

---

hand 건네주다   a wad of cash 현찰 한 뭉치   Ciao (이태리어) 잘 가, 안녕   blare 음악 등을 쾅쾅 틀다   furious 화가 난   stand up for ~의 편이 되어 주다, 지원하다   liar 거짓말쟁이

NICK It's called a hustle, sweetheart. And I'm not the liar, he is.

Nick points the other way. She turns to see... no one. She turns back. Nick is gone— his tail disappears around a corner.

JUDY HOPPS Hey!

Nick walks on, calmly. Hopps hurries up to him.

JUDY HOPPS All right, slick Nick, you're under arrest.

NICK Really, for what?

JUDY HOPPS Gee I dunno, how 'bout selling food without a permit, transporting undeclared commerce across borough lines, false advertising...

Nick smiles and produces those documents.

NICK Permit. Receipt of declared commerce. And I did not falsely advertise anything. Take care.

JUDY HOPPS You told that mouse the popsicle sticks were redwood.

| 닉 | 이걸 속임수라고 하지, 아가씨. 그리고 거짓말쟁이는 내가 아니라 쟤야. |

닉이 다른 쪽을 가리킨다. 주디가 몸을 돌려보지만… 아무도 없다. 주디가 다시 몸을 돌리니 닉이 사라졌다. 모퉁이를 도는 꼬리가 보인다.

| 주디 홉스 | 이봐! |

닉은 침착하게 그대로 걸어간다. 주디가 급히 닉을 따라간다.

| 주디 홉스 | 자, 이 사기꾼, 널 체포하겠어. |

| 닉 | 정말, 무슨 죄목이지? |

| 주디 홉스 | 뭐 글쎄, 이건 어떨까? 허가도 없이 식품을 팔고, 경계 구역을 넘어 신고도 하지 않은 장사를 하고, 거짓 광고한 죄야… |

닉이 빙긋이 웃더니 서류를 꺼낸다.

| 닉 | 허가증이다, 사업 신고 영수증도 다 있어. 그리고 난 거짓 광고를 한 적이 없어. 안녕. |

| 주디 홉스 | 하드 막대기를 적송이라 하고 생쥐에게 팔았잖아. |

---

hustle 사기, 혼잡 disappear 사라지다 under arrest 체포(구금)하다 permit 허가(증) transport 수송하다 undeclared 신고되지 않은 commerce 상업, 무역 produce 꺼내다, 생산하다

NICK   That's right. "Red wood." With a space in the middle. Wood that is red. (then) You can't touch me, Carrots, I've been doing this since I was born.[19]

JUDY HOPPS   You're gonna wanna refrain from calling me Carrots...

NICK   My bad. I just naturally assumed you came from some little carrot-choked podunk, no?

JUDY HOPPS   (isn't it obvious?) Ah, no. Podunk is in Deerbrooke County. I grew up in Bunnyburrow.

NICK   Okay. Tell me if this story sounds familiar:[20] (harsher now, rapidly) Naive little hick with good grades and big ideas decides, "Hey look at me, I'm gonna move to Zootopia– where Predators and Prey live in harmony and sing Kumbaya!" Only to find– whoopsie, we don't all get along. And that dream of being a big city cop? Double whoopsie! She's a meter maid. And whoopsie number threesie– NO ONE cares about her or her dreams. Soon enough those dreams die and our bunny sinks into emotional and literal squalor living in a box under a bridge. Til finally she has no choice but to go back home with that cute, fuzzy wuzzy little tail between her legs to become... You're from Bunnyburrow, is that what you said? So how about a carrot farmer. That sound about right?

| 닉 | 그렇지. '적 송'. '적' 한 칸 띄우고 '송'. 그니까 빨간 나무. (잠시 후) 넌 날 털끝 하나 건드릴 수 없어, 홍당무. 난 태어날 때부터 이 짓을 했거든. |

| 주디 홉스 | 날 홍당무라고 부르지 않는 게 좋을 텐데… |

| 닉 | 미안. 난 그냥 네가 당연히 홍당무 천지인 촌구석 출신이라고 생각해서 그런 건데, 아냐? |

| 주디 홉스 | (뻔한 걸 가지고 그러느냐는 듯이) 아, 아니야. 촌구석은 디어브루크에 있는 거고, 난 버니빌 출신이야. |

| 닉 | 알았어. 이런 얘기를 전에도 들었다면 말해 줘. (냉혹하고 빠른 어조로) 성적은 좋고 머리는 커서 거창한 생각이 가득 든 순진한 촌뜨기가 이렇게 생각하지. "야, 나 좀 봐, 난 주토피아에 갈 거야. 거기서는 맹수들이랑 작은 동물들이 서로 조화를 이루며 살면서 쿰바야 노래도 같이 불러!" 그런데 말이지, 가보면 이렇거든. 아이쿠, 완전 개똥이네. 우리는 조화롭고 뭐고 같이 어울려 사는 게 아냐. 그리고 뭐, 대도시의 경찰이 되겠다는 꿈? 아이쿠! 그런데 그 여자애는 주차 단속원이 됐네. 더 환장하는 건 누구 하나 그 여자애에 대해서 신경을 쓰지 않아. 그리고 뭐 꿈? 개똥같은 소리지 뭐. 곧 그런 꿈은 사라지고 우리 토끼는 다리 밑에서 박스를 깔고 살게 되는 거지. 이건 감정적으로 그렇기도 하고 문자 그대로 그렇게 지저분한 곳에서 살게 된다는 소리야. 그렇게 되면, 결국 어떻게 되느냐 하면, 우리 귀여운 토끼는 그 털이 복슬복슬하게 난 꼬리를 엉덩이 사이에 끼운 채 집으로 가는 거지. 버니빌에서 왔댔지? 홍당무 농사는 어때. 너한테 딱인데? |

with a space in the middle redwood(미국 삼나무)가 아닌 중간에 space(한 칸)이 있는 red wood(빨간 나무) refrain 삼가다 assume 추정하다 podunk 작고 별 볼일 없는 Kumbaya 미국의 찬송가/민요 (여기서는 화합을 노래하는 떼창, 노래로 비유) literal 문자 그대로 squalor 불결한 상태

She's speechless— How did he get my number so quickly? A RHINO almost crushes her.

NICK Be careful now, it won't just be your dreams getting crushed.

JUDY HOPPS Hey! Hey! No one tells me what I can or can't be! Especially not some jerk who never had the guts to try and be anything more than a popsicle hustler.

NICK Alright look, everyone comes to Zootopia thinking they can be anything they want. Well, you can't. You can only be what you are. (points to himself) Sly fox. (points to her) Dumb bunny.

JUDY HOPPS I am NOT a dumb bunny.

주디는 말문이 막힌다. 얘가 나를 이렇게 빨리 꿰뚫어 봤지? 코뿔소가 주디를 깔아뭉갤 뻔한다.

닉 　　조심해. 네 꿈만 뭉개질 뻔한 게 아니잖아.

주디 홉스 　이봐, 이봐! 네가 뭐라고 나한테 이러니 저러니 말하는 거야! 특히 너같이 하드로 속임수나 쓰는 것 말고는 뭐라도 할 배짱이 없는 찌질이가 말야.

닉 　　알았어, 이것 봐, 모두 주토피아에 오면 자기가 마음먹은 대로 될 수 있다고 생각하지. 하지만 그렇게 되는 게 아니잖아. 너는 너일 뿐이야. (자기를 가리키며) 난 교활한 여우고, (주디를 가리키며) 넌 멍청한 토끼고.

주디 홉스 　난 멍청한 토끼가 아냐.

speechless 말문이 막힌 crush 깔아뭉개다 especially 특히 guts 배짱 hustler 사기꾼 sly 교활한

NICK   Right. And that's not wet cement.

            She looks down. She's landed in wet cement.

NICK   (as he goes) You'll never be a real cop. You're a cute meter maid though. Maybe a supervisor one day. Hang in there...[21]

SEQUENCE 190.0 — "HOMESICK HOPPS"

INT. JUDY'S APARTMENT, HALLWAY — EVENING

Close on the mat and her cement-covered feet.

THE APARTMENT: Hopps presses the radio on and changes the station from sad song to sad song. She puts in a microwave dinner: CARROTS FOR ONE. Hopps opens it, only to find one dried up tiny carrot. She groans in disgust, lets it fall into the trash. Her phone rings. INSERT: MOM & DAD FACETIME. Judy sighs, then puts on a fake smile and answers.

JUDY HOPPS   Oh hey, it's my parents.

닉   알았어. 그것도 시멘트 반죽이 아니겠지.

            주디가 밑을 내려다보니, 시멘트 반죽을 밟고 있다.

닉   (가면서) 넌 진짜 경찰이 될 수 없어. 귀여운 주차 단속원은 될 수 있
            겠지. 언젠가는 관리자는 될 수 있을 거야. 그때까지 잘 버텨봐.

장면 190.0 — "고향이 그리워지는 주디"

실내. 주디의 아파트, 복도 — 저녁
문간 매트와 시멘트가 묻은 주디의 발이 클로즈업된다.

아파트: 주디가 라디오를 트니 슬픈 노래가 나와서 이리저리 채널을 돌리지만 계속 우울한 노래만 나온다. 주디는 인스턴트 식품을 전자레인지에 넣는다. '홍당무 1인분' 이라는 식품이다. 주디는 그것을 여는데 말라 빠진 작은 당근 하나만 있다. 불편한 신음을 내며 쓰레기통에 버리고 만다. 주디의 폰이 울린다. 폰에 '엄마 아빠 화상 통화' 가 보인다. 주디는 한숨을 쉬고는 억지 미소를 지으며 전화를 받는다.

주디 홉스   아, 엄마 아빠네요.

---

wet cement 아직 굳지 않은 시멘트   supervisor 관리자   microwave dinner 전자레인지에 데우면 금방 먹을 수 있게 조리된 음식   in disgust 싫증나서   fake smile 거짓 미소

BONNIE HOPPS Aw, there she is! Hi, sweetheart!

STU HOPPS   Hey there, Jude the Dude! How was your first day on the force?

JUDY HOPPS   It was real great.

BONNIE HOPPS Yeah? Everything you ever hoped?

JUDY HOPPS   Absolutely, and more! Everyone's so nice. And I feel like I'm really making a difference–

STU HOPPS   (pops head into frame) Wait a second. Holy cripes, Bonnie! Look at that!

BONNIE HOPPS (a discovery) Oh my sweet heaven– Judy, are you a meter maid?

Judy's still wearing her vest.

JUDY HOPPS   Oh, this? No. It's just a temporary–

BONNIE HOPPS It's the safest job on the force!

STU HOPPS   She's not a real cop! Our prayers have been answered!

보니 홉스   아, 주디가 보이네! 애야, 안녕!

스튜 홉스   안녕, 주드 듀드! 경찰 첫날은 어땠니?

주디 홉스   정말 멋졌어요.

보니 홉스   그래? 모두 네가 바라던 대로야?

주디 홉스   그럼요, 더 좋았어요! 모두들 너무 친절했어요. 내가 정말로 세상을 변화시키고 있는 것 같았다니까요.

스튜 홉스   (머리를 내민다) 잠깐만. 이런 세상에, 여보! 저것 좀 봐!

보니 홉스   (뭔가를 발견한다) 이런 세상에, 주디, 너 주차 단속하니?

주디는 아직도 조끼를 입고 있다.

주디 홉스   아, 이거요? 아니에요, 이건 그냥 임시로…

보니 홉스   그게 경찰에서 제일 안전한 일이야!

스튜 홉스   주디는 진짜 경찰이 된 게 아냐! 우리 기도가 통했어!

force 경찰(서), 군대   frame 화면, 틀   Holy cripes 이런, 세상에   discovery 발견   temporary 임시의

BONNIE HOPPS Glorious day!

STU HOPPS Meter maid! Meter maid! Meter maid!

JUDY HOPPS Dad. Dad. Dad! You know what, it's been a really long day.[22] I should really…

BONNIE HOPPS That's right. You get some rest!

STU HOPPS Those meters aren't gonna maid themselves.

BONNIE HOPPS Bye bye!

Mom and Dad hang up from FaceTime.

JUDY HOPPS Bye-bye.

보니 홉스　　　하느님 아버지 감사합니다!

스튜 홉스　　　주차 단속원이라니! 주차 단속을 한대! 주차 단속원이야!

주디 홉스　　　아빠. 아빠. 아빠! 정말 긴 하루였어요. 저 정말…

보니 홉스　　　그래, 좀 쉬어야지!

스튜 홉스　　　그 주차 미터기들이 자기 스스로 단속은 못하니까.

보니 홉스　　　바이, 바이!

　　　　　　　엄마와 아빠가 페이스타임 화상 통화를 끊는다.

주디 홉스　　　안녕.

---

glorious 영광스러운, 아주 멋진　hang up from (전화, 영상통화 등을) 끊다

Judy hangs up, defeated. The SELFPITYING MUSIC comes up full.

PRONK ORYX   (O.S.) Hey, Bunny! Turn down that depressing music!

Judy turns off the music.

BUCKY ORYX   (O.S.) Leave the meter maid alone! Didn't you hear her conversation?²³ She feels like a failure!

PRONK ORYX   (O.S.) Oh, shut up!

BUCKY ORYX   (O.S.) You shut up!

PRONK ORYX   (O.S.) You shut up!

BUCKY ORYX   (O.S.) You shut up!

JUDY HOPPS   (quietly to herself) Tomorrow's another day...²⁴

PRONK ORYX   (O.S.) Yeah, but it might be worse!²⁵

주디가 전화를 끊자 의기소침해진다. 자기 연민을 불러일으키는 음악이 크게 울려 퍼진다.

프롱크 오릭스   (화면 밖 목소리) 이봐, 토끼! 그 기분 후지게 하는 음악 좀 줄여!

주디가 음악을 끊다.

버키 오릭스   (화면 밖 목소리) 주차 단속원을 그냥 좀 내버려두란 말이야! 통화 소리 못 들었어? 쟤는 지금 세상이 끝난 것 같은 기분일 거야!

프롱크 오릭스   (화면 밖 목소리) 오, 좀 잠자코 있어!

버키 오릭스   (화면 밖 목소리) 너나 좀 잠자코 있어!

프롱크 오릭스   (화면 밖 목소리) 입 좀 닥쳐!

버키 오릭스   (화면 밖 목소리) 너나 입 좀 닥쳐!

주디 홉스   (조용히 혼잣말을 한다) 내일은 나아질 거야…

프롱크 오릭스   (화면 밖 목소리) 어 근데, 더 나쁠 수도 있어!

---

self-pitying 자기 연민에 빠진   depress 우울하게 하는   failure 낙오자

CHAPTER 7

Weasel Chase

SEQUENCE 200.0 — "WEASEL CHASE"

EXT. STREETS OF ZOOTOPIA

Judy is doing her meter maid duty again. She puts a ticket on a car.

MOOSE
(grunts) I was 30 seconds over!

Another meter dings, Hopps puts another ticket on a very small windshield.

ANGRY MOUSE LADY
You're a real hero, lady!

DING! A small hippo looks right at Hopps.

HIPPO CHILD
My mommy says she wishes you were dead.[26]

07. mp3

장면 200.0 — "족제비 추격전"

실외. 주토피아 거리

주디는 주차 단속을 계속한다. 차에 교통 딱지를 꽂는다.

무스 (투덜대며) 겨우 30초 초과했잖아!

다른 미터기가 땡! 소리를 낸다. 주디는 아주 작은 앞창에 딱지를 꽂는다.

화가 난 생쥐 부인 아주 영웅 나셨네, 아가씨!

땡! 어린 하마가 주디를 빤히 본다.

어린 하마 울 엄마가 경찰 아줌마가 죽어버렸으면 좋겠대요.

---

weasel 족제비   duty 임무   grunt 투덜대다   windshield 자동차 앞 유리

ANGRY DRIVER (O.S.) Un-cool, rabbit. My tax dollars pay your salary.

> Judy, bummed, gets in the cart. She bangs her head on the steering wheel.

JUDY HOPPS (sighs) I am a real cop. I am a real cop. I am a real cop...

FRANTIC PIG (O.S.) Hey hey!

> Duke Weaselton runs past her carrying a duffel bag. Frantic Pig goes up to her.

FRANTIC PIG You! Bunny!

JUDY HOPPS (rote) Sir, if you have a grievance, you may contest your citation in traffic court–

FRANTIC PIG What're you talking about? My shop! It just got robbed! Look, he's getting away! Well, are you a cop or not?

> Hopps sees a WEASEL running with a bag of stolen goods.

JUDY HOPPS Oh, yes! Yes! Don't worry sir, I got this!

EXT. STREETS OF ZOOTOPIA — CONTINUOUS

> Hopps jumps out of her cart and gives chase. She throws her hat and vest away.

화난 운전자	(화면 밖 목소리) 너무하잖아, 토끼. 당신은 내가 낸 세금으로 월급 받는 거야.

주디는 상심에 빠진 채, 카트에 들어간다. 핸들에 머리를 콩콩 박는다.

주디 홉스	(한숨을 쉬고) 난 진짜 경찰이야, 난 진짜 경찰이야, 난 진짜 경찰이야…
놀란 돼지	(화면 밖 목소리) 이봐, 이봐!

족제비가 더플 백을 들고 휙 지나간다. 놀란 돼지가 그녀에게 나타난다.

놀란 돼지	이봐! 토끼!
주디 홉스	(기계적으로) 선생님, 불만이 있으시면, 교통 재판소에 이의를 제기하세요.
놀란 돼지	무슨 말을 하는 거야? 내 가게! 방금 강도를 당했다고! 저기 봐! 도망가고 있잖아! 당신 경찰 아니야?

족제비가 훔친 물건을 담은 자루를 메고 도망치는 것이 주디의 눈에 띈다.

주디 홉스	오 네! 그래요! 걱정 마세요, 선생님, 제가 잡을게요!

실외. 주토피아 거리 — 계속

주디가 카트에서 뛰어내려 뒤쫓기 시작한다. 그녀는 모자와 조끼를 벗어 던진다.

---

bummed 낙담하다 bang on ~을 쾅쾅 두드리다 steering wheel 자동차 핸들 duffel bag 더플백 frantic 제정신이 아닌 rote (기계적인) 암기 grievance 불만 contest 이의를 제기하다 citation 소환장 get away 도망치다 give chase 뒤쫓다

JUDY HOPPS   Stop! Stop in the name of the law!

DUKE WEASELTON   Catch me if you can, Cottontail!

The chase is on. The weasel races through Savannah Central, dodging big elephants. McHorn screeches up in his cop car.

DUKE WEASELTON   Whoa. Coming through!

MCHORN   This is Officer McHorn, we got a 10-31.

Hopps slides across his hood.

JUDY HOPPS   I got dibs! Officer Hopps, I am in pursuit! Woot woot!

Hopps chases the weasel. The Weasel ducks into... LITTLE RODENTIA, which is packed with tiny rodents. The large cops can't fit, but because of her small size, Hopps follows him in.

주디 홉스   거기 서! 법의 이름으로 명령한다. 멈춰!

듀크 위즐턴   잡을 수 있으면 잡아봐, 털뭉치야!

추격전이 계속된다. 족제비는 큰 코끼리들을 피하면서 사바나 중심을 가로질러 도망친다. 맥혼이 탄 경찰차가 끽 소리를 내며 선다.

듀크 위즐턴   이런. 비켜!

맥혼   여기는 맥혼 경관. 10-31 상황 발생.

주디가 맥혼의 차량 후드를 미끄러지고 있다.

주디 홉스   내가 잡을게요! 홉스 경관이 추격합니다! 우-후!

주디는 족제비 뒤를 쫓는다. 족제비는 '작은 설치목' 구역으로 들어간다. 여기는 작은 설치류들로 가득하다. 덩치 큰 경찰들은 들어갈 수 없지만 몸이 작은 주디는 족제비를 따라 안으로 들어간다.

---

in the name of the law 법의 이름으로   coming through 비켜주세요   10-31 '범죄 혐의가 있는 자를 추격하고 있다'는 경찰 무전 용어   dibs 소유권, 자기 차례 (I got dibs 내가 찜했어)   be in pursuit ~을 추적 중이다   rodent 설치류   follow in ~를 뒤쫓아 안으로 들어가다

JUDY HOPPS (forceful) You! Freeze!

MCHORN Hey, meter maid! Wait for the real cops!

JUDY HOPPS Stop!

> Hopps spots the Weasel and chases after him, smashing through Little Rodentia. Hopps keeps chasing the Weasel, but as he jumps off the top of a mouse building he knocks it over. Hopps protects the buildings and runs after Weaselton, dodging the little panicking rodents.

JUDY HOPPS Oh! Sorry, coming through! Excuse me! Excuse me, pardon!

> She climbs onto a train track but sees Duke on top on a mouse-sized train. She quickly gets out of the way.

DUKE WEASELTON Bon voyage, flat foot!

> On the train tracks, he dodges pipes. Judy hanging from another pipe, grabs Duke and spins around and sends him flying off. Duke lands on a street, The Big Donut.

JUDY HOPPS Hey! Stop right there!

주디 홉스   (강한 어조로) 너! 꼼짝 마!

맥혼   이봐, 주차 단속원! 진짜 경찰이 올 때까지 기다려!

주디 홉스   멈춰!

주디는 족제비를 발견하고는 작은 설치목 구역을 이리저리 치면서 그 뒤를 쫓는다. 도중에 족제비가 생쥐 건물 지붕에서 뛰어내리다 건물을 쓰러뜨린다. 주디는 그 건물을 보호하면서 너무 놀라 허둥대는 설치류들을 피하며 족제비 위줄턴을 뒤쫓는다.

주디 홉스   아, 미안합니다. 갈게요! 실례합니다! 실례해요, 미안해요!

주디는 철로 위로 올라서는데, 족제비가 작은 생쥐 기차 위에 있는 것을 본다. 그녀는 급히 뛰어내린다.

듀크 위즐턴   잘 가, 순경!

철로에서 족제비는 파이프를 요리조리 피한다. 주디가 다른 파이프에 매달려 있다 그를 낚아채 휙 돌려 멀리 날려보낸다. 족제비는 대형 도넛(모형)이 있는 도로에 떨어진다.

주디 홉스   이봐! 거기 꼼짝 말고 있어!

---

spot (누구의 위치를) 발견하다   **chase after** ~를 뒤쫓다   **knock over** 쓰러뜨리다   **panicking** 너무 놀라 허둥대는   **bon voyage** (프랑스어) 여행 잘 다녀와, 잘 가   **flat foot** 평발 (속어로 '순경, 초년병')

                    The Weasel kicks an ornamental donut at Hopps.

DUKE WEASELTON   Have a donut, coppah!

                    But the donut misses and rolls towards some SHREWS coming out of "mousy's."

FRU FRU   Ohmygawd, did you see those leopard print jeggings? (sees the donut heading for her) Aaaaaaaaaaagh!

                    But at the last second... Hopps stops it! Hopps smiles.

JUDY HOPPS   I love your hair.

FRU FRU   Aw... thank you.

                    Meanwhile, the Weasel picks the bag, ready to leave.

족제비가 장식 도넛 조형물을 주디에게 찬다.

듀크 위즐턴   도넛이나 먹어라, 이 얼간아!

하지만 도넛은 빗맞아서 '마우시스(백화점)'에서 나오는 땃쥐들에게 굴러간다.

프루 프루   이런 세상에, 그 호파 무늬 제깅스 봤어? (도넛이 그녀에게 오는 것을 보고) 아아아아!

하지만 마지막 순간에 주디가 도넛을 막는다! 주디가 미소를 짓는다.

주디 홉스   머리 스타일 좋은데요.

프루 프루   아… 고마워요.

한편 족제비는 가방을 집어 들고 떠나려고 한다.

---

ornamental 장식용의   shrew 땃쥐, 뾰족뒤쥐   leopard 표범   at the last second 마지막 순간에   meanwhile 한편

DUKE WEASELTON	(chuckles) Come to papa...

Then out of nowhere, Hopps dumps the donut on his head.

SEQUENCE 210.0 — "MRS. OTTERTON ARRIVES"

INT. ZPD — LOBBY — A LITTLE LATER

Clawhauser is dealing with an otter, MRS. OTTERTON.

CLAWHAUSER Okay, you're going to have to be patient and wait in line just like everyone else, Mrs. Otterton, okay?

BAM! The Weasel (in donut) rolls through the front door and hits Clawhauser's desk. It settles revealing Hopps.

JUDY HOPPS I popped the weasel!

Behind her, Chief Bogo yells from the second floor.

CHIEF BOGO HOPPS!

INT. ZPD — CHIEF BOGO'S OFFICE

Hopps sits in a big chair in front of Bogo, like a kid in the principal's office. Bogo looks over a report.

듀크 위즐턴   (낄낄 웃으며) 아빠랑 갈까나…

그러자 갑자기 주디가 나타나 도넛을 족제비의 머리 위에 씌운다.

장면 210.0 ─ "오터톤 부인이 오다"

실내. 주토피아 경찰서 ─ 로비 ─ 잠시 후
클로하우저는 수달인 오터톤 부인의 신고를 처리하고 있다.

클로하우저   알았습니다. 좀 진득하게 참으면서 다른 동물들처럼 줄을 서서 기다리세요, 오터톤 부인, 아셨죠?

쾅! 소리를 내며 도넛을 뒤집어쓴 족제비가 앞문으로 굴러들어와 클로하우저의 데스크를 들이받는다. 상황이 정리되자 주디가 보인다.

주디 홉스   내가 족제비를 잡았어요!

2층의 보고 서장이 주디의 뒤편에서 소리를 지른다.

보고 서장   홉스!

실내. 주토피아 경찰서 ─ 보고 서장의 사무실
주디는 교장실에 불려간 아이처럼 보고 앞의 큰 의자에 앉아 있다. 서장이 보고서를 보고 있다.

---

come to papa 자, 가자 (사람 혹은 물건이 가까이 오게 할 때 쓰는 속어)   out of nowhere 난데없이, 갑자기   dump ~ on someone's head ~을 …의 머리에 씌우다   be dealing with ~를 상대하다   otter 수달   pop 여기서는 '잡다'의 뜻   principal 교장

CHIEF BOGO Abandoning your post, inciting a scurry, reckless endangerment of rodents... but to be fair, you did stop a master criminal from stealing two dozen... moldy onions.

JUDY HOPPS Hate to disagree with you,[27] sir, but those aren't onions. (overexplains) Those are a crocus varietal called Midnicampum Holicithias. They're a Class C Botanical, sir. Well, I grew up in a family where plant husbandry was kind of a thing.

CHIEF BOGO Shut your tiny mouth, now!

JUDY HOPPS Sir, I got the bad guy. That's my job.

CHIEF BOGO Your job is putting tickets on parked cars.

CLAWHAUSER (intercom) Chief, Uh, Mrs. Otterton's here to see you again.[28]

CHIEF BOGO Not now.

CLAWHAUSER (intercom) Okay, I just didn't know if you wanted to take it this time... She seems really–

CHIEF BOGO Not now!

보고 서장	임무를 내팽개치고, 소동을 일으키고, 무모한 짓으로 설치류들을 위험에 빠뜨렸군. 공평하게 말하자면, 자네는 썩은 양파 몇 개 훔친 엄청난 범죄자를 잡긴 했어.
주디 홉스	서장님 의견에 토를 달고 싶진 않지만요. 그건 양파가 아닙니다. (미주알고주알 설명한다) 그건 학명이 '돌아뿌리 버럭시아스'라고 하는 크로커스 변종인데요. C급 식물이죠, 서장님. 전 말이죠, 식물 재배를 천직으로 여기는 집안에서 자랐거든요.
보고 서장	그 조그만 주둥이 당장 닥치게!
주디 홉스	서장님, 전 나쁜 놈을 잡았습니다. 그게 제 임무죠.
보고 서장	네 임무는 주차 단속 딱지를 끊는 거야.
클로하우저	(인터폰을 통해) 서장님, 오터톤 부인이 또 찾아왔는데요.
보고 서장	지금은 안 돼.
클로하우저	(인터폰을 통해) 네, 이번엔 받아주시지 않을까 혹시나 해서요… 오터톤 부인이 정말…
보고 서장	지금 안 된다고!

abandon one's post 근무지를 이탈하다　incite 선동(조장)하다　scurry 질주, 경주　endangerment 위험에 빠뜨리기　to be fair 공평하게 말하자면　moldy 곰팡이가 핀　crocus (식물명) 크로커스　varietal 변종의　husbandry (곡물, 가축 등을) 기르기, 농사, 재배

JUDY HOPPS   Sir. I don't want to be a meter maid... I wanna be a real cop.

CHIEF BOGO   Do you think the Mayor asked what I wanted when he assigned you to me?

JUDY HOPPS   But sir!

CHIEF BOGO   Life isn't some cartoon musical where you sing a little song and your insipid dreams magically come true. So let it go!

주디 홉스	서장님, 전 주차 단속원이 아니라… 진짜 경찰이 되고 싶어요.
보고 서장	시장이 널 이리로 보냈을 때 내가 뭘 바라는지 시장이 물어봤을 거라고 생각하나?
주디 홉스	하지만 서장님!
보고 서장	사는 건 말이지, 무슨 뮤지컬 만화영화가 아냐. 네가 노래 부르면 네 그 밥맛 없는 꿈이 마술처럼 현실로 나타나는 그런 게 아니라고. 그러니까 꿈 깨!

assign (인원을) 배치하다, (과제, 임무 등을) 부여하다 **cartoon musical** 뮤지컬 만화영화 **insipid** 재미없는, 운치 없는 **come true** (꿈 등이) 현실이 되다

CHAPTER 8

I Will Find Him

MRS. OTTERTON barges in, with Clawhauser trailing, wheezing.

MRS. OTTERTON   Chief Bogo please, five minutes of your time. Please.

CLAWHAUSER   I'm sorry, sir, I tried to stop her, she is super-slippery. I gotta go sit down.

CHIEF BOGO   Ma'am, as I've told you, we are doing everything we can...[29]

08. mp3

오터톤 부인이 불쑥 들어오는데, 클로하우저가 쌕쌕거리며 뒤따라오는 게 보인다.

오터톤 부인   보고 서장님, 제발요. 5분만 시간을 내주세요.

클로하우저   죄송합니다, 서장님. 막으려고 했지만 얼마나 매끄럽게 빠져나가는지. 전 가서 앉아 있을게요.

보고 서장   부인, 제가 말씀 드렸지만, 저희는 최선을 다하고 있습니다.

barge in 불쑥 들어오다 trail 뒤쫓다 wheeze 쌕쌕거리다 super-slippery 엄청나게 매끄러운

MRS. OTTERTON   My husband has been missing for ten days. His name is Emmitt Otterton.

Mrs. Otterton reveals her own sweet little photo of Emmitt with her and the family.

CHIEF BOGO   Yes, I know–

MRS. OTTERTON   He's a florist. We have two beautiful children. He would never just disappear.

CHIEF BOGO   Ma'am, our detectives are very busy.

MRS. OTTERTON   Please! There's gotta be somebody to find my Emmitt.

CHIEF BOGO   Mrs. Otterton…

JUDY HOPPS   (O.S.) I will find him.

Bogo looks to Hopps, in shock. Mrs. Otterton hugs Hopps, relieved.

MRS. OTTERTON   Oh thank you! Bless you! Bless you, little bunny.

Bogo grunts.

| 오터톤 부인 | 제 남편은 열흘 째 아무런 소식이 없어요. 남편 이름은 에밋 오터톤이에요. |

오터톤 부인은 남편과 함께 찍은 아주 작고 귀여운 가족 사진을 보여 준다.

보고 서장	네, 저도 압니다.
오터톤 부인	남편은 원예사예요. 우리에게는 귀여운 아이들이 둘이나 있어요. 절대 그냥 사라질 이가 아니에요.
보고 서장	부인, 우리 형사들은 아주 바쁘답니다.
오터톤 부인	제발요! 남편을 찾을 누군가가 있겠죠.
보고 서장	오터톤 부인…
주디 홉스	(화면 밖 목소리) 제가 찾을게요.

보고는 놀라서 주디를 쳐다본다. 오터톤 부인은 안심된다는 듯 주디를 껴안는다.

| 오터톤 부인 | 이런, 고마워요! 복 받을 거예요! 복 받고 말고요, 토끼 경관님. |

보고가 끄응 소리를 낸다.

---

reveal 보여주다 florist 꽃집 주인, 원예사 detective 형사 hug 껴안다 relieved 안심이 되는 grunt 투덜거리다

MRS. OTTERTON   Take this. Find my Emmitt, bring him home to me and my babies, please.

Bogo ushers Mrs. Otterton back outside.

CHIEF BOGO   Mrs. Otterton. Please wait out here.

MRS. OTTERTON   Of course. Oh thank you both so much.

CHIEF BOGO   One second.

He closes the door and turns to Hopps, furious.

CHIEF BOGO   You're fired.

JUDY HOPPS   What? Why?!

CHIEF BOGO   Insubordination. Now, I'm going to open this door and you are going to tell that otter you're a former meter maid with delusions of grandeur who will not be taking the case.

Bogo opens the door, to find... Bellwether with Mrs. Otterton.

BELLWETHER   I just heard Officer Hopps is taking the case!

오터톤 부인	여기요. 제 남편 에밋을 우리 가족의 품으로 다시 데려와 주세요, 제발요.
	보고가 오터톤 부인을 밖으로 내몬다.
보고 서장	오터톤 부인. 나가 계시겠어요.
오터톤 부인	그럼요, 그럴게요. 아, 두 분 모두 정말 고마워요.
보고 서장	잠시만요.
	그는 문을 닫더니 화가 머리끝까지 치밀어 주디에게 몸을 돌린다.
보고 서장	넌 해고야.
주디 홉스	네? 왜요?!
보고 서장	명령 불복종. 자, 이제 내가 이 문을 열면 가서 저 부인에게 말해. 넌 전직 주차 단속원인데, 굉장한 경찰이나 되는 줄 알고 헛꿈을 꾸었다고. 그래서 그 사건을 맡을 수 없다고 말야.
	보고가 문을 여니 보좌관인 벨웨더가 오터톤 부인과 함께 있는 것이 보인다.
벨웨더	홉스 경관이 이 사건을 맡았다는 얘기를 방금 들었어요!

usher 안내하다 furious 화가 난 fire 해고하다 insubordination 명령 불복종 delusion 망상 grandeur 장엄(위대)한 것 (delusions of grandeur 과대망상)

CHIEF BOGO   Assistant Mayor Bellwether...

BELLWETHER   (texting) The Mammal Inclusion Initiative is really paying off! Mayor Lionheart is just gonna be so jazzed!

CHIEF BOGO   No no. Let's not tell the mayor just yet–

BELLWETHER   And I sent it, and it is done, so I did do that. All right, well I'd say the case is in good hands! Us little guys really need to stick together! Right?

JUDY HOPPS   Like glue!

BELLWETHER   Good one. Just call me if you ever need anything! You've always got a friend at City Hall, Judy.[30] All right, bye bye!

JUDY HOPPS   Thank you, ma'am.

               Bogo closes the door, even more angry.

CHIEF BOGO   I will give you 48 hours.

JUDY HOPPS   YES!

CHIEF BOGO   That's two days to find Emmitt Otterton.

보고 서장	벨웨더 보좌관…
벨웨더	(문자를 보낸다) 포유류 통합 계획이 정말 효과가 있네요! 라이언하트 시장님이 정말 좋아하겠어요!
보고 서장	아, 안 돼요. 시장님한테는 아직 말씀드리지…
벨웨더	문자 보냈어요, 이제 됐네요, 그래서 그랬던 거고. 자, 자, 이 사건은 적임자가 맡은 것 같네요! 우리 작은 동물들은 정말 다 같이 뭉칠 필요가 있어요! 그렇죠?
주디 홉스	접착제처럼요!
벨웨더	좋은 말이에요. 뭐든지 필요한 게 있으면 나한테 전화만 하세요! 시청에 언제나 친구가 있다는 걸 명심해요, 주디 경관! 자, 자, 바이, 바이!
주디 홉스	감사합니다, 보좌관님.

보고가 문을 닫는다. 더욱더 화가 났다.

보고 서장	자네한테 48시간을 주겠네.
주디 홉스	알겠습니다!
보고 서장	에밋 오터톤을 찾는 데 이틀 주겠다는 소리야.

pay off 효과가 나다   jazzed 흥분한   be in good hands (사건 등을) 유능한 사람이 맡고 있다   stick together 함께 뭉치다

JUDY HOPPS   Okay.

CHIEF BOGO   BUT, you strike out– you resign.

Hopps is taken aback by that for a moment... then nods.

JUDY HOPPS   Oh, uh... okay... deal.

CHIEF BOGO   Splendid. Clawhauser will give you the complete case file.

SEQUENCE 225.0 — "THE CASE FILE"

INT. ZPD — DESK AREA

Hopps opens her file on the Otterton case. It's a single piece of paper. What? Hopps can't believe it.

CLAWHAUSER   Here ya go! One missing otter!

JUDY HOPPS   That's it?!

CLAWHAUSER   Yikes! That is the smallest case file I've ever seen![31] Leads none, witnesses: none- and you're not in the computer system yet, so resources: none. (chuckles) I hope you didn't stake your career on cracking this one.

주디 홉스	네.
보고 서장	하지만 못 찾으면 이 일 그만둬.

주디는 이 말에 순간적으로 아연실색하지만, 곧 고개를 끄덕인다.

주디 홉스	이런, 어… 알겠습니다, 좋아요.
보고 서장	좋았어. 클로하우저가 자네에게 이 실종 사건 기록 파일을 줄 거야.

장면 225.0 — "사건 파일"

실내. 주토피아 경찰서 — 안내 데스크
주디는 오터톤 사건 파일을 연다. 종이 한 장뿐이다. 이게 뭐야? 주디는 믿을 수 없다.

클로하우저	자 여기! 수달 한 명 실종된 거니까!
주디 홉스	이게 다예요?!
클로하우저	그렇다니까! 그렇게 아무것도 없는 파일은 처음이라니까! 단서도 없지, 목격자도 없지, 그리고 넌 전산 등록도 안 됐으니, 지원도 없네. (낄낄 웃으며) 이 사건에 경찰직을 걸지는 말라구.

---

strike out (야구에서 스트라이크 아웃을 당하듯) 실수하다, 해내지 못하다 resign 사표를 쓰다, 사직하다 be taken aback 어안이 벙벙해지다 deal (거래 상) 합의하다 case file 사건 파일 lead 단서 witness 증인 stake (돈, 생명 등을) 걸다 career 직업, 경력 crack 해결하다

JUDY HOPPS   "Last known sighting…"

Hopps looks at a picture of Mr. Otterton on the street. Hopps squints and looks at the picture. She looks at Clawhauser's glass bottle.

JUDY HOPPS   (taking bottle) Can I just borrow… Thank you.

Hopps takes Clawhauser's bottle and uses it to enlarge the picture. She sees Mr. Otterton holding a PAWPSICLE.

JUDY HOPPS   (interesting clue) Pawpsicle.

CLAWHAUSER   (nods, suspicious) The murder weapon!

JUDY HOPPS   Get your pawpsicle…

CLAWHAUSER   (whispers) Yeah, 'cause… What does that mean?

JUDY HOPPS   It means I… have a lead.

주디 홉스   '마지막 목격 장소'라…

주디는 오터톤 씨가 길거리에서 찍힌 사진을 보고 있다. 주디는 눈을 가늘게 뜨고 사진을 본다. 클로하우저의 유리병이 주디의 눈에 들어온다.

주디 홉스   (병을 쥐고는) 좀 빌려 줄래요… 고마워요.

주디는 클로하우저의 병을 들고는 사진을 확대해 본다. 오터톤 씨가 '발바닥 하드'를 쥐고 있는 것이 보인다.

주디 홉스   (흥미있는 단서라는 듯이) '발바닥 하드'라.

클로하우저   (뭔가 수상쩍다는 듯이 고개를 끄덕이며) 살인 무기로군!

주디 홉스   '발바닥 하드'를 들고 있다는 것은…

클로하우저   (속삭이듯이) 어, 그게 그런데, 무슨 의미지?

주디 홉스   이건… 제가 단서를 발견했다는 뜻이죠.

squint (무엇을 잘 보려고) 눈을 찡그리다   enlarge 확대하다   clue 단서   suspicious 수상쩍은   murder weapon 살인에 쓰인 무기

CHAPTER 9

Hopps Hustled Nick

SEQUENCE 230.0 — "HOPPS GOES TO NICK"

EXT. DOWNTOWN STREET — LATER
We find Nick pushing a BABY STROLLER. HOPPS zooms up in her traffic cart, smiling.

JUDY HOPPS   Hi! Hello? It's me again!

NICK   Hey, it's Officer Toot-toot.

JUDY HOPPS   (fake laugh, humoring him) Ha-ha-ho, no, actually it's Officer Hopps, and I'm here to ask you some questions about a case.

NICK   What happened, meter maid? Did someone steal a traffic cone? It wasn't me.

Hopps pulls in front of Nick.

09. mp3

장면 230.0 — "주디가 닉에게 가다"

실외. 시내 거리 — 잠시 후
닉이 유모차를 밀고 가는 것이 보인다. 주디가 카트를 타고 나타나 미소를 짓는다.

주디 홉스   안녕, 잘 있었어? 또 만났네!

닉   이런, 빵빵 경찰관이네.

주디 홉스   (일부러 웃으며, 맞장구를 친다) 하하호, 아니지, 홉스 경관이지. 어떤 사건에 관해서 너한테 뭘 좀 물어보려고.

닉   뭣 때문에 그래, 주차 단속원? 누가 교통 콘이라도 훔쳐갔어? 난 아냐.

주디는 닉 앞에 카트를 댄다.

baby stroller 유모차 humor 맞장구 치다 traffic cone 원뿔 모양의 도로 표지용 시설물 pull (자·동차 등이) 서다

NICK Carrots, you're gonna wake the baby, I gotta get to work.

JUDY HOPPS This is important, sir, I think your ten dollars worth of popsicles can wait.

NICK I make 200 bucks a day, fluff. 365 days a year, since I was 12. And time is money, hop along.

JUDY HOPPS Please, just look at the picture.

Hopps holds up the traffic cam picture of the Otter.

JUDY HOPPS You sold Mr. Otterton that popsicle, right? Do you know him?

NICK I know everybody. I also know that somewhere there's a toy store missing its stuffed animal so why don't you get back to your box.

닉	홍당무, 애가 깨잖아, 난 일하러 가야 해.
주디 홉스	이건 아주 중요한 일이야, 친구. 10달러짜리 하드 파는 건 미뤄도 될 것 같은데.
닉	난 하루에 2백 달러를 벌어, 이 멍청아. 12살 때부터 1년 365일 하루도 빼지 않고 말야. 나한테 시간은 돈이야. 그러니까 꺼져.
주디 홉스	부탁이야. 이 사진만 좀 봐줘.

주디는 교통 카메라에 찍힌 수달 사진을 들어 보인다.

주디 홉스	넌 오터톤 씨한테 하드를 팔았어, 그렇지? 그를 알아?
닉	난 모두를 알아. 그리고 말야, 어떤 장난감 가게에서 봉제 인형이 하나 없어졌다는데, 네가 그 가게 박스 안으로 들어가는 게 어때?

---

worth 가치가 있는 (ten dollars worth of popsicles 10달러어치의 얼음과자) **buck** 달러(dollar)의 속어 **stuffed animal** 봉제 동물 인형

JUDY HOPPS   (defeated) Fine. Then we'll have to do this the hard way.[32] (puts a parking boot on the stroller)

NICK   Did you just boot my stroller?

JUDY HOPPS   Nicholas Wilde, you are under arrest.

Nick looks at her, amused.

NICK   For what? Howting your feewings?

JUDY HOPPS   Felony tax evasion.

Nick smile drops a bit.

JUDY HOPPS   Yeah... 200 dollars a day... 365 days a year... since you were 12, that's two decades, so times twenty (in her head) which is one million four-hundred sixty thousand – I think, I mean I am just a dumb bunny – but we are good at multiplying – anyway, according to your tax forms... (presents them) you reported, let me see, here: zero. Unfortunately lying on a federal form is a punishable offense. Five years jail time.

NICK   Well, it's my word against yours.[33]

주디 홉스	(실망한 투로) 좋아. 그러면 좀 험악한 방법으로 가야겠네. (유모차에 바퀴 잠금 장치를 설치한다)
닉	내 유모차에 잠금 장치를 건 거야?
주디 홉스	니콜라스 와일드, 당신을 체포한다.

닉은 재미있다는 표정으로 주디를 본다.

닉	무슨 명목으로? 네 그 잘난 감정을 상하게 했다고?
주디 홉스	엄청난 탈세 혐의지.

닉의 얼굴에서 웃음기가 좀 가신다.

주디 홉스	그러니까 말이지, 하루 200달러에, 1년 365일 하루도 빼지 않고 말이지, 12살 때부터니까 20년이란 말이야. 그러니까 20을 곱해야겠지, (머릿속에서 계산한다) 그러면 146만 달러네. 난 말이야, 멍청한 토끼일 뿐이지만 우리는 곱셈을 잘하거든. 하여간 네 소득신고서를 보면 말이지… (보여 준다) 넌 얼마를 신고했냐 하면, 어디 보자, 꽝이네. 그런데 유감스럽게도, 연방 소득신고를 거짓으로 하면 벌을 받아야 하거든. 5년 동안 감옥에서 썩으면 돼.
닉	그거야, 뭐, 누가 들은 사람이 있어? 너밖에 없잖아.

parking boot 차량이 움직이지 못하게 하는 잠금 장치 boot 잠금 장치를 설치하다 felony 중죄 tax evasion 탈세 decade 10년 be good at ~을 잘하다, 능숙하다 multiplying 곱하기 tax form 소득신고서 report 소득 신고하다 punishable offense 처벌 받아야만 하는 범죄

Hopps clicks a button on her CARROT PEN, which SPEAKS!

NICK (on carrot pen recorder) "I make 200 bucks a day, fluff. 365 days a year, since I was 12."

JUDY HOPPS Actually, it's your word against yours. And if you want this pen, you're going to help me find this poor missing otter or the only place you'll be selling popsicles is the prison cafeteria. It's called a hustle, sweetheart.

FINNICK She hustled you. (laughing) She hustled you good. You're a cop now Nick, you're gonna need one of these! Have fun working with the fuzz! (leaves still laughing)

THWAP! Finnick slaps his JUNIOR OFFICER STICKER on Nick.

JUDY HOPPS Start talking.

NICK I don't know where he is. I only saw where he went.

JUDY HOPPS Great, let's go.

Hopps smiles and heads to cart.

주디가 당근 펜 버튼을 누르자, 말이 흘러나온다!

닉	(당근 펜 녹음기) "난 하루에 200달러를 벌어, 이 멍청아. 12살 때부터 1년 365일 하루도 빼지 않고 말야."
주디 홉스	벌써 자백했네. 이 펜이 갖고 싶으면 넌 이 불쌍한 수달을 찾는 걸 도와줘야할 거야. 그럴 생각이 없다면 넌 감옥 구내식당에서 하드나 팔든가. 이걸 속임수라고 하지, 아저씨.
핀닉	토끼가 너한테 속임수를 썼네. (웃으며) 제대로 한 방 먹었어. 넌 이제 경찰이야 닉, 넌 이런 것도 해 봐야 돼! 경찰하고 잘해 봐! (웃으며 떠난다)

탁! 핀닉이 닉한테 보조 경찰 스티커를 붙인다.

주디 홉스	이제 말해 보시지.
닉	어디 있는지는 몰라. 어디로 갔는지만 봤을 뿐이야.
주디 홉스	좋아, 가자.

주디는 미소를 짓더니 카트로 향한다.

prison 감옥, 교도소 fuzz 경찰, 짭새 slap 철썩 때리다

NICK	It's not exactly a place for a cute little bunny.
JUDY HOPPS	Don't call me cute. (forceful) Get in the car.
NICK	Okay. You're the boss.³⁴

SEQUENCE 240.0 — "THE NATURALIST CLUB"

INT. THE MYSTIC SPRING OASIS — LATER

The Mystic Spring Oasis is new agey, full of incense. A meditating YAX THE HIPPIE YAK sits with flies buzzing around his head, matching the tone of his ohmmmm. Hopps enters with Nick and they approach the yak (still with his eyes closed).

YAX	Oooooooooohmmmmmmm. Ooooooooooohmmmmmm.

닉	귀여운 꼬맹이 토끼가 갈 곳은 아닌데.
주디 홉스	나한테 귀엽다는 말하지 마. (강한 어조로) 어서 타.
닉	알았어. 네 마음대로 해.

장면 240.0 — "자연주의 클럽"

실내. 신비의 샘 오아시스 — 잠시 후

'신비의 샘 오아시스'는 향냄새가 진동하는 뉴에이지 스타일의 클럽이다. 명상에 빠져 있는 히피 야크, 약스는 그의 머리 주위를 윙윙 나는 파리들과 함께 자신이 내는 '오옴' 소리에 맞춰 앉아 있다. 주디는 닉과 함께 여전히 눈을 감고 있는 야크에게 다가간다.

약스	오-오-오-오-오-오-오-옴. 오-오-오-오-오-오-오-옴.

---

forceful 강한 어조로, 강압적으로 new agey 정신적인 가치를 중요시하고, 동양적인 명상을 선호하는 풍조 incense 향 meditate 명상하다 buzz around (파리, 벌 등이) ~의 주위를 윙윙 소리를 내면서 날다 approach 다가가다

JUDY HOPPS   Hi, hello.

YAX   Ohmmm.

JUDY HOPPS   Um, hello? Hello? Hello?

YAX   Hmm?

JUDY HOPPS   Hello. My name is…

YAX   Ooo, you know, I'm gonna hit the pause button right there, we are all good on Bunny Scout Cookies.

JUDY HOPPS   Uh, nope, I am Officer Hopps, ZPD. I am looking for a missing mammal, Emmitt Otterton – (re: picture) right here – who may have frequented this establishment.[35]

The Yak looks at Hopps' picture. His eyes go wide, as if he's about to say something really important, and then:

YAX   AH-CHOO! (flies go everywhere) Yeah, Ol' Emmitt. Haven't seen him in a couple weeks. But hey, you should talk to his yoga instructor, I'd be happy to take you back.[36]

주디 홉스　안녕하세요.

약스　오옴…

주디 홉스　음, 저기요? 저기? 저기요?

약스　흐음?

주디 홉스　안녕하세요. 제 이름은…

약스　오, 저기, 말 끊어서 미안한데 우리는 토끼 스카우트 과자는 많이 사서.

주디 홉스　어, 그게 아니고요, 전 주토피아 경찰서의 홉스 경관이에요. 에밋 오터톤이라고 실종된 포유류를 찾고 있어요. (사진을 보여 주며) 여기요. 이곳에 자주 왔을 수도 있거든요.

야크는 주디가 내민 사진을 보다가 마치 중요한 사실을 달하기라도 할 듯 눈을 크게 뜨더니…

약스　에취! (파리들이 사방으로 흩어진다) 아, 에밋. 2주 동안 못 봤는데. 하지만, 그를 가르치던 요가 선생하고 얘기해 봐. 뒤쪽으로 안내할게.

---

frequent ~를 자주 드나들다　establishment 가게, 회사 등을 고급스럽게 표현하는 말　instructor 강사

JUDY HOPPS Oh, thank you so much, I appreciate that more than you could imagine, that would be a big– you are naked!

The Yak comes around the counter and he IS naked.

YAX Huh? Oh for sure, we're a naturalist club.

NICK Yeah, in Zootopia anyone can be anything... and these guys, they be naked.

Nick grins, Hopps isn't pleased.

YAX Nangi's on the other side of the pleasure pool.

EXT. PLEASURE POOL — LATER

The Yak opens the doors to a POOL AREA, with tons of naked animals sunning themselves, playing in the pool, etc. Hopps' eyes nearly pop out of her head. Nick leans in.

NICK Does this make you uncomfortable? Because if so, there is no shame in calling it quits.

JUDY HOPPS Yes, there is.

NICK Boy, that's the spirit.

주디 홉스	아, 정말 고마워요. 제가 얼마나 감사하게 생각하는지 아마 짐작도 못하실 거예요. 큰 도움이 될… 다 벗었네요!

야크가 카운터를 돌아나온다. 진짜 발가벗었다.

약스	어? 아 그야, 여기는 자연주의 클럽인걸.
닉	그렇지, 주토피아에선 누구나 무엇이든 될 수 있으니까. 여기는 다 벗고 살아.

닉은 씨익 웃지만 주디는 기분이 영 좋지 않다.

약스	난기는 '행복의 풀장' 반대쪽에 있어.

실외. 행복의 풀장 — 잠시 후

야크가 '풀 구역' 문을 열자, 발가벗은 채 일광욕을 즐기는 동물, 수영장에서 노는 동물 등이 보인다. 주디는 너무 놀라 눈알이 튀어나올 지경이다. 닉이 슬쩍 끼어든다.

닉	불편하지? 그렇다면 그만둬도 그리 창피할 거 없어.
주디 홉스	아니, 포기 못해.
닉	그렇지, 그런 배짱으로 해야지.

---

appreciate 고마워하다　naturalist club 자연주의자 클럽 (사실은 '나체촌')　grin 웃다　sun oneself 일광욕을 하다　eyes nearly pop out of head 너무 놀라 눈이 튀어나올 지경　lean in 끼어들다　spirit 정신, 배짱

EXT. NATURALIST CLUB — COURTYARD

Hopps looks around at the nude animals everywhere. A lot of nude animals. Nick revels in Hopps' discomfort. Yax escorts them, oblivious.

YAX
Yea, some mammals say the naturalist life is weird, but you know what I say is weird? Clothes on animals! Here we go. As you can see, Nangi's an elephant, so she'll totally remember everything.

YAX
Hey Nangi, these dudes have some questions about Emmitt the Otter.

NANGI
Who?

YAX
Emmitt Otterton. Been coming to your yoga class for like 6 years.

NANGI
I have no memory of this beaver.

JUDY HOPPS
Yeah, he's an otter actually.

YAX
He was here a couple Wednesdays ago? Remember?

NANGI
Nope.

실외. 자연주의 클럽 — 마당

주디는 사방에 많은 동물들이 발가벗고 있는 것을 둘러본다. 닉은 주디의 불편함에 아주 신이 난다. 약스는 개의치 않고 둘을 안내한다.

약스   그렇지, 어떤 포유류들은 자연주의자들의 행태가 기이하다고 하지만, 내가 이상하다고 느끼는 게 뭔지 아나? 옷을 입은 동물들! 여깄네. 보시다시피 난기는 코끼리야. 그래서 모두 기억할 거야.

약스   이봐, 난기, 이분들이 수달 에밋에 관해서 물어보고 싶은 게 있으시다는데.

난기   누구?

약스   에밋 오터톤 말야. 네 요가 반에 6년 동안 다녔잖아.

난기   그런 비버는 생각이 안 나는데.

주디 홉스   네, 그는 사실 수달이거든요.

약스   그 친구가 2주 전 수요일에 여기 왔었잖아, 기억 나?

난기   아니.

---

revel 한껏 즐기다, 기뻐하다   discomfort 불편   escort 바래다 주다, 호위하다   oblivious 안중에 없는, 무신경한   weird 이상한

YAX	Yeah, he was wearing a green cable knit sweater vest and a new pair of corduroy slacks. Oh and a paisley tie, sweet windsor knot, real tight. Remember that, Nangi?

Yax is a gold mine! She writes down everything he says.

NANGI	No.
YAX	Yeah, and we both walked him out and he got into that big ol' white car with the silver trim. Needed a tune up. The third cylinder wasn't firing. Remember that, Nangi?
NANGI	No.
JUDY HOPPS	Uh, ah, you didn't happen to catch the license plate number, did you?

약스	그 왜, 새끼줄 꼰 것 같은 초록색 케이블 니트 스웨터 조끼를 입고, 새로 산 코르덴 바지를 입은 친구 말야. 아, 그리고 페이즐리 넥타이에, 윈저 노트식으로 단단히 맸잖아, 기억 나, 난기?

약스는 진짜 진국이다. 주디는 약스의 말을 모두 받아 적는다.

난기	아니.
약스	그리고 말야, 우리가 그 친구를 배웅했잖아. 은색 테를 두른 낡은 흰색 큰 차를 타고 갔잖아. 엔진은 손 좀 봐야 되겠더군. 3번 실린더가 제대로 작동이 안 되고 있었잖아. 기억 나지, 난기?
난기	아니.
주디 홉스	아, 저, 그런데 말이죠, 혹시 번호를 보시진 않았나요?

---

cable knit sweater 새끼줄을 꼰 것 같은 무늬를 도드라지게 짠 스웨터 corduroy slacks 코르덴 바지 gold mine 금광 (소중한 정보를 많이 갖고 있는 사람) write down 불러주는 것을 적다 license plate number 자동차 번호판의 번호

YAX   Oh, for sure. It was 29THD03.

JUDY HOPPS ...03. Wow. This is a lot of great info. Thank you.

YAX   Told you Nangi has a mind like a steel trap. I wish I had a memory like an elephant.

EXT. CLUB ENTRANCE — MOMENTS LATER
Nick and Hopps leave the Oasis.

NICK   Well, I had a ball. You are welcome for the clue. And seeing as how any moron can run a plate, I'll take that pen and bid you adieu.

JUDY HOPPS (frustrated) The plate.... I can't run the plate...[37] Oo, I'm not in the system yet.

NICK   Gimme the pen, please.

JUDY HOPPS What was it you said? "Any moron can run a plate?" Gosh... if only there were a moron around who were up to the task...

NICK   Rabbit, I did what you asked, you can't keep me on the hook forever.

약스	아, 봤지, 29THD03였어.
주디 홉스	…03이라. 와, 정보가 굉장히 많네요. 고마워요.
약스	난기는 정말 대단하다니까. 나도 코끼리처럼 기억력이 좋으면 정말 좋겠어.

실외. 클럽 입구 — 잠시 후
닉과 주디가 오아시스 클럽을 나온다.

닉	아주 재미있었어. 단서를 그렇게 많이 찾아냈으니 됐지. 어떤 바보라도 그 번호는 추적할 수 있을 테니까 난 그 펜이나 받아서 바이바이하고 싶은데.
주디 홉스	(짜증스럽게) 번호판이라… 난 번호판을 조회할 수 없어… 이런, 난 아직 경찰 등록도 안 됐잖아.
닉	그 펜을 줘, 제발.
주디 홉스	네가 뭐라고 그랬지? '어떤 멍청이도 그 번호를 추적할 수 있다'고 했지? 야, 이 일을 맡아줄 멍청이가 있으면 정말 좋겠는데…
닉	이봐, 토끼, 난 네가 부탁한 건 다 해 줬어. 내 코를 영원히 꿰고 있을 수는 없잖아.

info 정보 (= information) steel trap 기민한, 이해가 빠른 emerge 나오다 moron 바보천치, 돌대가리 bid someone adieu ~에게 작별을 고하다 keep someone on the hook ~의 코를 꿰다, ~를 꼼짝 못하게 옭아매다

JUDY HOPPS	Nope, not forever. I have 36 hours left to solve this case. So can you run the plate or not?

Nick stares at Hopps, considering, then smiles:

NICK	Actually I just remembered, I have a pal at the DMV...

주디 홉스　　그럼, 영원히는 아니지. 이 사건을 해결할 시간이 36시간 남았어. 그니까 번호판을 추적해 줄거야 말거야?

닉이 생각에 잠겨 주디를 물끄러미 쳐다보더니 미소를 짓는다.

닉　　　　　사실, 방금 생각났는데, 포유류 차량국에 친구가 하나 있거든…

---

stare at ~를 물끄러미 쳐다보다   actually 사실은   pal 친구   DMV 이 영화에서는 Department of Motor Vehicles(포유동물 차량 관리국)이지만, 실제로는 Department of Mammal Vehicles(차량 관리국)의 약자

CHAPTER 10

Flash, Hundred Yard Dash

SEQUENCE 250.0 — "DMV"

EXT. DMV — LATER
They arrive at the DMV, the "Department of Mammal Vehicles."

NICK FLASH is the fastest guy in there,[38] you need something done, he's on it.

JUDY HOPPS I hope so, because we are really fighting the clock and every minute counts.[39]

INT. DMV — MOMENTS LATER
They enter to find a huge line and the only mammals working there are... SLOTHS.

10. mp3

장면 250.0 — "포유류 차량국"

실외. 포유류 차량국 — 잠시 후
둘은 "포유류 차량국"인 DMV에 도착한다.

닉   플래시라는 친구는 여기서 엄청 빨라. 필요한 게 있으면 걔가 휙 해 주니까.

주디 홉스 잘됐네. 우린 정말 시간과 싸우고 있으니까, 일분일초가 중요하지.

실내. 포유류 차량국 — 잠시 후
들어가 보니 줄이 엄청나게 길게 늘어서 있는데, 일하는 포유류라곤 모두… 나무늘보 뿐이다.

count 중요하다 huge 엄청난 sloth 나무늘보 (동작이 매우 느림)

JUDY HOPPS   Wait. They're all sloths?!

Nick smiles and heads for the counter.

JUDY HOPPS   You said this was going to be quick!

NICK   (faux innocence) What? Are you saying that because he's a sloth, he can't be fast? I thought in Zootopia anyone could be anything.

Nick and Hopps arrive Flash's window.

NICK   Flash, Flash, hundred yard dash! Buddy, it's nice to see ya.

Flash doesn't respond. Beat.

FLASH   Nice to... (beat) see you (beat) too.

Hopps looks like she's going to die.

NICK   Hey Flash, I'd love you to meet my friend– darlin' I seem to have forgotten your name.

JUDY HOPPS   Officer Judy Hopps, (shows badge) ZPD, how are you?

Flash doesn't respond... then...

| 주디 홉스 | 잠깐. 모두 나무늘보잖아?! |

닉이 싱긋 웃더니 카운터로 간다.

| 주디 홉스 | 빠르다며! |

| 닉 | (순진한 척하며) 뭐야? 쟤가 나무늘보라서 빨리 일을 처리할 수 없다고 그런 말하는 거니? 주토피아에서는 누구라도 뭐든지 될 수 있다는 걸로 알고 있었는데. |

닉과 주디는 플래시의 창구에 다가간다.

| 닉 | 플래시, 플래시, 날쌘돌이 플래시! 친구, 만나서 반가워. |

플래시는 대꾸도 하지 않는다. 잠시 뜸을 들이더니…

| 플래시 | 나도… (정적) 만나서 (정적) 반가워. |

주디는 속이 터져 죽을 것 같다는 표정을 짓는다.

| 닉 | 이봐, 플래시, 내 친구를 소개할게… 자기, 내가 이름을 까먹었는데. |

| 주디 홉스 | 주디 홉스 경관이에요. (배지를 보여 주며) 주토피아 경찰서 소속이죠, 안녕하세요? |

플래시가 대응하지 않더니… 곧…

---

head for ~로 향하다 faux innocence 순진한 척하며 (faux는 프랑스어로 '거짓된, 지어낸') Flash, Flash, hundred yard dash 닉이 Flash(번쩍임, 섬광)와 라임이 맞는 dash(질주)를 사용해, 느려터진 Flash의 모습을 역설적으로 위트 있게 표현함 (hundred yard dash는 '1000야드(약 91미터) 달리기 단거리 경주') respond 대답하다 beat 뜸을 들이다

FLASH	I am... doing... just... (beat)
JUDY HOPPS	Fine?
FLASH	...as well... as... I can... (beat) be. What...
NICK	Hang in there.
FLASH	... can I... do...
JUDY HOPPS	Well, I was hoping you could run a plate–
FLASH	…for you...
JUDY HOPPS	Well, I was hoping you could–
FLASH	...today?
JUDY HOPPS	Well, I was hoping you could run a plate for us – we're in a really big hurry. [40]

플래시	저는… 아주… (정적)
주디 홉스	잘 있다고요?
플래시	늘 하는 대로… 그대로… (정적) 잘하고 있다고요. 구슨…
닉	좀 참고 들어봐.
플래시	일로…
주디 홉스	저, 자동차 번호를 하나 조회했으면 해서요.
플래시	오셨나요…
주디 홉스	그러니까, 번호판을 하나…
플래시	오늘?
주디 홉스	그러니까, 자동차 번호를 조회해 줄 수 있나 해서요. 정말 급하거든요.

hang in there 힘내, 참고 견뎌 in a hurry 서둘러, 바쁜

FLASH   (beat) Sure. What's the... plate...

JUDY HOPPS   2...9... T

FLASH   ...number?

JUDY HOPPS   (takes a breath) 29THD03.

FLASH   (beat) Two... nine...

JUDY HOPPS   THD03.

FLASH   (beat) T.

JUDY HOPPS   HD03.

FLASH   H.

JUDY HOPPS   D03.

FLASH   D.

JUDY HOPPS   03.

FLASH   0.

플래시	(정적) 그러죠. 번호가… 어떻게…
주디 홉스	2… 9… T
플래시	되나요?
주디 홉스	(심호흡을 하고) 29THD03이요.
플래시	(정적) 이… 구…
주디 홉스	THD03이요.
플래시	(정적) 티.
주디 홉스	HD03이요.
플래시	에이치.
주디 홉스	D03이요.
플래시	디.
주디 홉스	03이요.
플래시	공.

take a breath 심호흡을 한 번 하다

JUDY HOPPS 3.

> Flash is just about to say three, but...

NICK Hey Flash, you wanna hear a joke?

JUDY HOPPS No!

FLASH Sure.

NICK What do you call a three-humped camel?

FLASH I don't... know... (beat) What... do... you call... a...

JUDY HOPPS Three-humped camel.

FLASH Three-humped... camel?

NICK Pregnant. (laughing)

> Flash doesn't react, then finally raises his head with a smile and....

FLASH Ha... ha... ha... ha...

주디 홉스	3이요.
	플래시가 막 '삼'이라고 하려는데…
닉	이봐, 플래시, 내가 우스개 소리 하나 들려줄까?
주디 홉스	하지 마!
플래시	좋지.
닉	혹이 세 개나 되는 낙타를 뭐라고 부르는지 알아?
플래시	모르… 겠는데… (정적) 뭐라고… 부르는지… 아냐고…
주디 홉스	혹이 세 개나 되는 낙타를요.
플래시	혹이 세 개나 되는… 낙타를?
닉	임신한 낙타. (웃는다)
	플래시는 반응을 보이지 않고 있다가 드디어 미소를 띤 채 머리를 들더니…
플래시	하… 하… 하… 하…

---

be just about to say ~ 막 ~라고 말하려고 하다 **humped** 혹이 있는 **pregnant** 임신한

JUDY HOPPS   Ha, ha, yes very funny, very funny, can we please just focus on the–

Flash slowly reaches over to the sloth next to him.

FLASH   Hey...

JUDY HOPPS   Wait wait wait!

FLASH   Priscilla...

JUDY HOPPS   (O.S.) Oh no!

PRISCILLA   Yes... Flash?

FLASH   What... do... you call... a...

JUDY HOPPS   A three-humped camel? Pregnant! Okay, great, we got it, can we please just –

FLASH   Three... humped...

JUDY HOPPS   Agggggghhhhhhh–

주디 홉스	하, 하, 그래요, 참 재밌죠, 네, 참 재미 있고 말고요. 자, 이제 그 일을 좀 처리하면…

플래시가 천천히 옆에 있는 나무늘보에게 머리를 돌린다.

플래시	이봐요…
주디 홉스	잠깐, 잠깐, 잠깐만요.
플래시	프리실라…
주디 홉스	(화면 밖 목소리) 이런, 세상에!
프리실라	왜요… 플래시?
플래시	뭐라고… 부르는지… 알아요…
주디 홉스	혹이 세 개나 되는 낙타요? 임신한 낙타요! 자, 됐죠, 좋아요, 자 알았으니까, 우리 이제 그만…
플래시	혹이 세 개나…
주디 홉스	아아아아아아악…

focus on 주력하다 next to 옆에

A slow DOT-MATRIX printer spits out the address for CAR LICENSE PLATE NUMBER: 29THD03.

FLASH   Here... you...

JUDY HOPPS   Yes, yeah, yeah Hurry. thank you!

FLASH   ...go.

JUDY HOPPS   (frantically reads) 29THD03 – it's registered to... Tundratown Limo Service? A limo took Otterton, and the limo's in Tundratown – it's in Tundratown!

NICK   Way to hustle, bud. I love ya, I owe ya.

JUDY HOPPS   Hurry – we gotta beat the rush hour and[41] – (walks outside) IT'S NIGHT?!

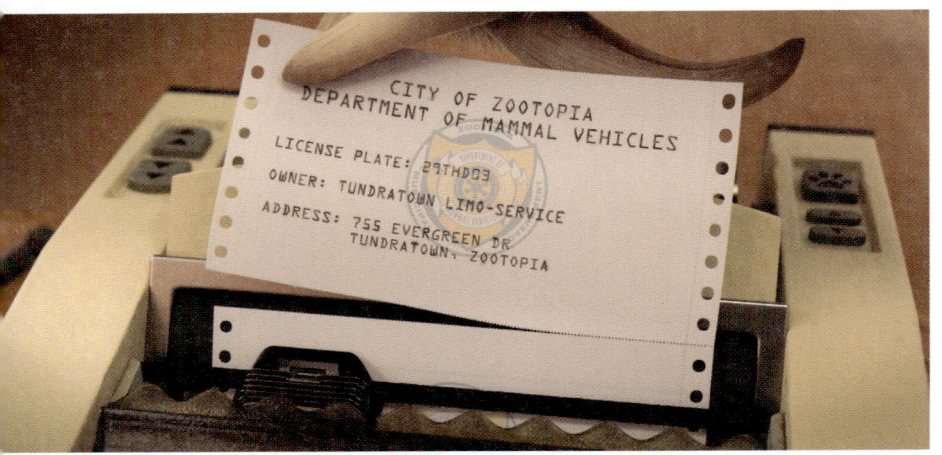

느려터진 도트 매트릭스 프린터가 29THD03 번호판의 소유주 주소를 뱉어낸다.

플래시   여기…

주디 홉스   네, 네, 네. 빨리요. 고마워요!

플래시   …있습니다.

주디 홉스   (정신없이 읽는다) 29THD03… 툰드라 타운 리무진 서비스에 등록되어 있다고? 리무진이 오터톤을 태운 거네, 리무진은 툰드라 타운에 있고… 툰드라 타운이야!

닉   수고했어, 친구. 사랑해, 이번에 신세를 졌어.

주디 홉스   서둘러, 러시아워를 피해야 하니까. (밖으로 나오더니) 벌써 밤이야?!

dot-matrix printer 점을 찍어 문자나 이미지를 만들어내는 구식 프린터로 매우 느림 spit out 뱉어내다 frantically 황급히 register 등록하다 limo limousine(리무진)의 줄임말 owe 신세지다 rush hour 혼잡 시간

CHAPTER 11

Collecting Clues Limo

SEQUENCE 270.0 — "SNOW PARKING"

EXT. TUNDRATOWN — NIGHT
There's a big gated parking lot which is chained shut... but they can see a few limos parking inside, covered in snow. We see the sign; TUNDRATOWN LIMO SERVICE.

JUDY HOPPS   Closed. Great.

NICK   And I will betcha you don't have a warrant to get it in.[42] Hm? Darn it. It's a bummer.

JUDY HOPPS   You wasted the day on purpose.

NICK   Madam, I have a fake badge, I would never impede your pretend investigation.

11. mp3

장면 270.0 — "눈에 파묻힌 차량"

실외. 툰드라 타운 - 밤
커다란 문이 있는 주차장이 보이는데, 문에는 쇠사슬이 감겨있다. 안에는 눈에 덮인 리무진이 몇 대 주차되어 있는 것이 보인다. '툰드라 타운 - 리무진 서비스' 간판이 보인다.

주디 홉스	잠겼어. 환장하겠군.
닉	수색영장은 없을 거 아냐. 응? 저런. 완전 꽝이네.
주디 홉스	넌 일부러 낮 시간을 허비하게 만들었어.
닉	이봐, 가짜 경찰 배지를 달았는데, 내가 어떻게 네 수사 놀이를 방해하겠어.

warrant 영장 bummer 실망 on purpose 일부러 fake 가짜 impede 방해하다 pretend 가짜의, ~인 척하는 investigation 수사, 조사

JUDY HOPPS	It's not a pretend investigation. Look. See? See him? (showing picture of Otterton) This otter is missing!
NICK	Well, then they should have gotten a real cop to find him.
JUDY HOPPS	What is your problem? Does seeing me fail somehow make you feel better about your sad, miserable life?[43]

Nick considers this for a moment.

NICK	It does. 100%. (then) Now... since you're sans warrant, I guess we're done?

Hopps considers this and sighs, defeated.

JUDY HOPPS	Fine. We are done. Here's your pen.

Hopps then casually throws it over the fence behind her.

NICK	Hey.

| 주디 홉스 | 이건 수사 놀이가 아냐. 이거 봐, 보여? 응, 이 수달 보이지? (오터톤의 사진을 보여 주며) 이 수달은 실종됐다고! |

| 닉 | 그러면, 진짜 경찰을 투입해서 그 수달을 찾았어야지. |

| 주디 홉스 | 넌 도대체 뭐가 문제야? 내가 왕창 깨지면 네 그 찌질한 생활이 좀 나아지니? |

닉은 이 말을 잠시 생각해본다.

| 닉 | 그렇다고 봐야지. 100퍼센트 맞는 말이야. (그리고) 그건 그렇고, 넌 수색영장이 없으니 우리 이제 끝난 거지? |

주디는 이 말을 좀 생각해 보더니 어쩔 수 없다는 듯이 한숨을 쉰다.

| 주디 홉스 | 좋아, 우리는 끝난 거야. 자, 여기 펜. |

그러더니 주디는 뒤에 펜스 너머로 펜을 슬쩍 던진다.

| 닉 | 이봐. |

---

miserable 비참한 consider 고려하다 sans (프랑스어) ~없이 (= without) casually 슬쩍, 무심코 fence 울타리

The pen lands in the snow.

NICK   Hey. First off, you throw like a bunny, second, you are a very sore loser. (starts to climb) See ya later, Officer Fluff, so sad this is over, wish I could've helped more…⁴⁴

Nick jumps down onto the other side, but then, Hopps is suddenly right there and holds the pen.

JUDY HOPPS   The thing is you don't need a warrant if you have probable cause⁴⁵ and I'm pretty sure I saw a shifty low-life climbing the fence, so you're helping plenty. Come on.

EXT. PARKING LOT — MOMENTS LATER
Hopps wipes snow off a back bumper: LICENSE PLATE 29THD03.

JUDY HOPPS   29THD03… this is it.

INT. REFRIGOUSINE — MOMENTS LATER
They open the big door, it's like the door of a refrigerator. They snoop around. She finds up a clump of fur.

JUDY HOPPS   Polar bear fur.

NICK   OH MY GOD!

펜이 눈밭에 떨어진다.

닉 먼저, 넌 던지는 폼이 영락없는 토끼야. 둘째, 넌 한심한 패배자야. (기어오르기 시작하며) 다음에 봐, 멍청이 경찰. 이렇게 끝나니까 아주 슬프네. 더 도와주면 좋았을 텐데…

닉이 펜스 너머로 뛰어내리는데 그때 주디가 갑자기 앞에 나타나더니 펜을 들고 있다.

주디 홉스 중요한 건 말이야, 상당한 근거가 있으면 영장이 필요 없다는 거야. 그런데 난 뭔가 수상하고 찌질한 게 펜스를 넘는 걸 봤단 말이지. 그러니까 넌 나를 많이 도와주고 있어. 자, 가자.

실외. 주차장 — 잠시 후
주디가 번호판에 덮여 있는 눈을 닦는다. 29THD03이다.

주디 홉스 29THD03… 이거다.

실내. 냉장고형 리무진 — 잠시 후
주디와 닉이 냉장고 문같이 커다란 문을 연다. 그들은 샅샅이 살핀다. 주디가 털 뭉치를 발견한다.

주디 홉스 북극곰 털이야.

닉 이런 세상에!

---

sore loser 패배를 인정하지 못하고 온갖 불평을 해대는 사람 probable cause (법률 용어) 상당한 근거 shifty 수상한 low life 밑바닥 생활 snoop around 기웃거리다 clump (털 등의) 뭉치

JUDY HOPPS   What? What?!

Hopps startles, then turns to see Nick has opened the glove compartment, it's full of JERRY VOLE CDs.

NICK   The Velvety Pipes of Jerry Vole!

Judy looks at him annoyed and goes back to collecting clues.

NICK   But on CD? Who still uses CDs?

Nick opens the back partition door and his eyes go wide.

NICK   Carrots…? If your otter was here… he had a very bad day.

Reveals the back seat is ripped up with CLAW MARKS.

JUDY HOPPS   Those are… claw marks. You ever seen anything like this? [46]

NICK   No.

Through the fog on the floor Hopps spots a wallet.

JUDY HOPPS   Oh, wait. Look.

| 주디 홉스 | 뭐야? 왜 그래?! |

주디가 흠칫 놀라서 닉 쪽을 보니 그가 글로브 박스를 열었다. 제리 볼 CD가 잔뜩 있다.

| 닉 | 제리 볼의 달콤한 목소리네! |

주디가 짜증내며 그를 쳐다보고 다시 단서를 찾으려고 한다.

| 닉 | 그런데 왜 CD지? 누가 아직 CD로 노래를 듣지? |

닉은 뒤에 있는 칸막이 문을 열더니 눈이 왕방울만해진다.

| 닉 | 홍당무…? 여기 수달이 있었다면… 엄청 재수 없는 날이었겠어. |

발톱으로 찢어진 뒷좌석이 보인다.

| 주디 홉스 | 저건 발톱 자국이네. 저런 걸 본 적이 있니? |

| 닉 | 아니. |

바닥에 깔린 안개 사이에서 주디는 지갑을 발견한다.

| 주디 홉스 | 오, 잠깐, 봐봐. |

---

startle 깜짝 놀라다 **glove compartment** 자동차 조수석 앞에 소지품을 넣어두는 칸 (주로 장갑을 넣어둬서 '글로브 박스'라고 함) **Jerry Vole** 부드러운 목소리로 유명했던 미국 가수(Jerry Vale) 패러디 **partition** 칸막이

Hopps look at the wallet to find a driver's license for Mr. Otterton.

JUDY HOPPS   This is him. Emmitt Otterton. He was definitely here. What do you think happened?

His eyes drift to the cocktail glasses... they are etched with a "B."

NICK   Well, now wait a minute... (then, suspicious) Polar bear fur... Rat Pack music... fancy cup...

Nick shows signs of fear, and starts putting the cup back frantically.

NICK   I know whose car this is. We gotta go.

JUDY HOPPS   Why? Whose car is it?

NICK   The most feared crime boss in Tundratown. They call him Mr. Big and he does not like me, so we gotta go!

JUDY HOPPS   I'm not leaving, this is a crime scene.

NICK   Well, it's gonna be an even bigger crime scene if Mr. Big finds me, so we are leaving right now!

주디가 지갑을 보니 오터톤 씨의 운전면허증이 있다.

주디 홉스   이 친구가 에밋 오터톤이야. 그는 분명 이 차에 탔어. 무슨 일이 있었던 걸까?

닉은 칵테일 컵에 시선이 간다. 그 컵에는 'B'라는 글자가 새겨져 있다.

닉   어, 잠깐, 잠깐만… (그러다가 뭔가 미심쩍다는 듯이) 북극곰 털, 생쥐 음악에, 비싼 컵이라…

닉이 뭔가 두려움을 느끼며 컵을 정신없이 제자리에 놓는다.

닉   이 차가 누구 건지 알겠어. 빨리 뜨자.

주디 홉스   왜? 이거 누구 차야?

닉   툰드라 타운에서 제일 무서운 조직 두목이야. '미스터 빅'이라고 부르는데, 그는 날 좋아하지 않아. 그러니까 우리는 빨리 떠나야 해!

주디 홉스   난 안 가. 여긴 범죄 현장이야.

닉   미스터 빅이 날 발견하면 더 큰 범죄 현장이 될 거야. 그러니까 당장 여길 떠야 해!

---

definitely 분명히   **drift** 이동하다   **be etched with** ~라는 글자나 무늬가 새겨져 있다   **crime boss** 조폭 두목   **crime scene** 범죄 현장

Nick makes a break for the door, but opens it to find two big polar bears.

NICK (faux excitement) Raymond! And is that Kevin? Long time no see. And speaking of no see, how about you forget you saw me? [47] For old time's sake– (YAAGH!!) That's a no.

SEQUENCE 290.0 — "MR. BIG"

INT. POLAR BEAR CAR — MOMENTS LATER

VROOM! A car whizzes by. Inside, Nick and Hopps are in the back seat, sandwiched between the two huge polar bears. Nick looks nervous, Hopps looks up at one of the polar bears.

닉이 몸을 날려 문을 열지만 커다란 북극곰 둘이 보인다.

닉　(반가운 척) 레이몬드! 케빈도 있네! 오랜만이야. 그런데 이왕 서로 못 보고 살았으니까, 오늘 날 본 걸 잊어버리는 게 어때? 옛정이 있잖아… (악!!) 그렇게는 못하겠다는 거군.

장면 290.0 — "미스터 빅"

실내. 북극곰의 차 — 잠시 후
붕—! 차가 쏜살같이 내달린다. 차 안에는 닉과 주디가 덩치 큰 북극곰 둘 사이에 샌드위치처럼 끼어 앉아 있다. 닉은 불안해 보인다. 주디는 북극곰을 올려다본다.

---

polar bear 북극곰　faux excitement 신이 난 척 하며 (faux = false)　for old time's sake 옛정을 생각하여　whizz by 쏜살같이 달리다

JUDY HOPPS   What did you do to make Mr. Big so mad at you?

NICK   (sotto) I uh, may have sold him a very expensive wool rug... that was made from the fur of... skunks' butt.

JUDY HOPPS   Sweet cheese and crackers.

The car entering a residential compound. They pass a security gate, guarded by tough POLAR BEARS.

INT. MR. BIG'S RESIDENCE — MOMENTS LATER
Nick and Hopps are led into a room that's right out of The Godfather. A polar bear enters... behind him is an even bigger polar bear. Behind that bear and even bigger one.

JUDY HOPPS   (sotto) Is that Mr. Big?

NICK   (sotto) No.

JUDY HOPPS   What about him? Is that him?

NICK   (sotto, frustrated) No.

JUDY HOPPS   Okay, that's gotta be him.

NICK   Stop talking, stop talking, stop talking.

주디 홉스   네가 무슨 짓을 했길래 미스터 빅이 너한테 화난 거야?

닉   (낮은 소리로) 내가 어, 그에게 아주 비싼 양털 양탄자를 하나 팔았는데, 그게 스컹크 엉덩이 털로 만든 거였어.

주디 홉스   세상에나.

차가 대저택으로 들어간다. 차는 험상궂게 생긴 북극곰들이 지키는 문을 통과한다.

실내. 미스터 빅의 저택 — 잠시 후
닉과 주디는 영화 '대부'에서 본 것과 같은 방으로 끌려 들어간다. 북극곰이 들어오고 그 뒤로 더 큰 북극곰이 서 있다. 그 뒤에는 더욱더 큰 북극곰이 서 있다.

주디 홉스   (낮은 소리로) 저게 미스터 빅이니?

닉   (낮은 소리로) 아냐.

주디 홉스   저 곰은? 저 곰이야?

닉   (짜증이 나서 낮은 목소리로) 아니라니까.

주디 홉스   알았어, 그러면 저 곰이구나.

닉   말 좀 그만해, 그만하라고, 그만.

---

rug 러그, 깔개   butt 엉덩이   residential compound 대저택 부지   right out of The Godfather 방의 모습이 영화 '대부'에서 나오는 장면과 똑같다는 의미

CHAPTER 12

The Most Feared Boss, Mr. Big

The huge polar bear looks at Nick, then reveals a tiny chair upon which sits... a TEENY, TINY ARCTIC SHREW... this is MR. BIG.

NICK   Mr. Big, sir, this is a simple misunder–

Mr. Big holds out a TINY FINGER for Nick to KISS HIS RING. Nick painstakingly does so.

NICK   This is a simple misunderstanding.

12. mp3

덩치가 엄청난 북극곰이 닉을 보더니 조그만 의자를 드러내 보인다. 의자 위에는 너무나 작디작은 북극땃쥐가 앉아 있다. 이게 바로 미스터 빅이다.

닉   미스터 빅, 이건 사소한 오해가…

미스터 빅은 반지를 낀 작은 손가락을 내밀어 닉에게 키스하라고 한다. 닉은 간신히 반지에다 키스한다.

닉   아주 사소한 오해가 있었어요.

arctic shrew 북극뒤쥐, 땃쥐 painstakingly 고생스럽게 misunderstanding 오해

Mr. Big motions for Nick to shut up.

MR. BIG
You come here unannounced... on the day my daughter is to be married?

NICK
Well actually we were brought here against our will. So, point is, I did not know it was your car, and I certainly did not know about your daughter's wedding.

Nick chuckles nervously.

MR. BIG
I trusted you, Nicky... I welcomed you into my home... we broke bread together... Gram-mama made you her cannoli. And how did you repay my generosity?[48] With a rug... made from the butt of a skunk. A skunk butt rug. You disrespected me. You disrespected my gram-mama who I buried in that skunk butt rug. (then) I told you never to show your face here again, but here you are, snooping around with this (to Hopps)... what are you, a performer? What's with the costume?[49]

JUDY HOPPS
Sir, I am a c–

NICK
Mime! She is a mime. This mime, cannot speak. (to Hopps) You can't speak if you're a mime.

미스터 빅이 닉에게 닥치라는 손짓을 한다.

미스터 빅 자네는 아무런 예고도 없이 여기에 왔군… 내 딸 결혼식에 말이야?

닉 저, 사실은 저희들은 제 발로 찾아온 게 아니죠. 제 말은, 그게 보스의 차인 걸 몰랐어요. 그리고 따님 결혼식인지도 전혀 몰랐고요.

닉은 불안한 듯이 웃는다.

미스터 빅 난 자네를 믿었네, 니키… 난 자네를 우리 집에 초대해서 식사도 같이 했고 말이야, 할머니는 자네에게 카놀리도 만들어줬는데. 그런데 자네는 어떻게 그리 배은망덕할 수 있지? 그턴 양탄자로 말이지, 스컹크 엉덩이 털로 만든. 스컹크 엉덩이 털 양탄자라. 자네는 날 배신했어. 자네는 우리 할머니도 배신했고. 난 그 스컹크 엉덩이 털 양탄자에 할머니를 싸서 묻었지. (그러고) 자네에게 다시는 내 눈앞에 그 낯짝을 보이지 말라고 했는데, 또 여기 와서 냄새를 킁킁 맡으면서 말야, 이런 토끼나 데리고 (주디에게) 넌 누구냐, 배우? 그 복장은 또 뭐야?

주디 홉스 선생님, 전 경…

닉 마임 배우요! 마임요, 말을 안 하는. (주디에게) 마임할 때는 말을 하면 안 되는 거야.

---

against one's will 자신의 의지에 반해서 **break bread together** 같이 식사를 하다 **cannoli** 카놀리 (이탈리아 디저트) **generosity** 너그러움 **disrespect** 무례 **snoop around** 몰래 살피며 돌아다니다 **costume** 의상 **mime** 무언극(마임) 배우

JUDY HOPPS	No. I am a cop.
JUDY HOPPS	And I'm on the Emmitt Otterton case and my evidence puts him in your car, so intimidate me all you want, I'm going to find out what you did to that otter if it's the last thing I do.[50]

Mr. Big considers this and makes that little grunt.

MR. BIG	Then I have only one request: say hello to Gram-mama. Ice 'em!
NICK	Whoa– I didn't see nothing– I'm not saying nothing–
MR. BIG	And you never will–

The polar bears pick them up, about to throw them in and–

NICK	Please! No no no! If you're mad at me about the rug I've got more rugs!

Nick and Hopps are about to be dumped in, when –

FRU FRU	Oh, Daddy, it's time for our dance. (sees Nick and Hopps) What did we say? No icing anyone at my wedding.

주디 홉스	아니. 난 경찰이야.

주디 홉스	난 에밋 오터톤 사건을 담당하고 있어요. 증거를 수집하다 보니 그 수달이 선생님 차를 탔다는 것을 알게 됐어요. 나를 얼마나 겁줄 수 있는지는 모르겠지만, 난 세상이 두 쪽이 나도 당신이 그 수달한테 무슨 짓을 했는지 밝혀낼 거예요.

미스터 빅은 주디의 말을 생각해 보더니 작게 끙 소리를 낸다.

미스터 빅	그럼 난 부탁할 게 하나군. 우리 할머니한테 안부나 전해 주게. 얼음물에 담가!

닉	이런… 전 아무것도 못 봤어요. 아무 말도 안 할 거고요.

미스터 빅	물론 아무 말도 못하게 될 거야.

북극곰들이 둘을 집어 들고 던지려고 하자…

닉	제발요! 이러시면 안 돼요, 안 된다고요! 양탄자 때문에 화가 나셨다면 양탄자를 더 갖다 드릴게요!

닉과 주디가 얼음물에 담기려고 할 때…

프루 프루	오, 아빠, 춤출 시간이에요. (닉과 주디를 본다) 전에 말했잖아요. 내 결혼식에서는 아무도 안 죽이기로요.

evidence 증거 intimidate 겁을 주다 request 요청 ice 죽이다 (여기서는 얼음 구덩이에 던져서 죽인다는 뜻) dump 던지다, 내버리다

MR. BIG	I have to, baby. Daddy has to. (to thugs) Ice 'em.
NICK	No no no!
	Nick and Hopps scream and–
FRU FRU	Wait. WAIT! She's the bunny that saved my life yesterday. From that giant donut.
MR. BIG	This bunny?
FRU FRU	Yeah. (sweet) Hi.
JUDY HOPPS	Hi. (warm) I love your dress.
FRU FRU	Aw, thank you.

미스터 빅	어쩔 수 없단다, 얘야. 아빠도 어쩔 수 없어. (부하들에게) 담가.
닉	안 돼 안 돼 안 돼!

닉과 주디가 비명을 지르자…

프루 프루	잠깐만, 잠깐만요! 어제 내 목숨을 구해준 토끼여요. 그 거대한 도넛 말이에요.
미스터 빅	이 토끼가?
프루 프루	맞아요. (다정한 목소리로) 안녕하세요.
주디 홉스	안녕하세요. (따듯한 목소리로) 드레스가 예쁘네요.
프루 프루	아, 고마워요.

thug 깡패, 똘마니, 부하 scream 소리 지르다

Mr. Big motions for the polar bears to put Hopps down.

MR. BIG Put 'em down. (then, to Hopps) You have done me a great service. I will help you find the otter. I will take your kindness... and pay it forward.

Judy leans forward and Mr. Big kisses her on both cheeks. Nick stares at Hopps and Mr. Big... what is happening?

SEQUENCE 295.0 — "WEDDING RECEPTION"

<u>INT. WEDDING RECEPTION — A LITTLE LATER</u>
The shrews dance and cheer. Nick eats TINY pieces of WEDDING CAKE.

MR. BIG Otterton is my florist. He's like a part of the family. He had something important he wanted to discuss. That's why I sent that car to pick him up.[51] But he never arrived.

JUDY HOPPS Because he was attacked.

MR. BIG No... he attacked.

JUDY HOPPS Otterton?

미스터 빅은 북극곰들에게 주디를 내려놓으라고 손짓한다.

미스터 빅	내려놔. (주디에게) 자네는 나한테 큰일을 해 줬으니, 나도 자네가 수달 찾는 걸 도와주지. 자네가 선행을 베풀었으니 나도 갚겠다는 거야.

주디는 미스터 빅에게 다가가고 그는 주디의 양쪽 뺨에 뽀뽀한다. 닉은 도대체 무슨 일어 벌어지는 거지? 라는 눈빛으로 주디와 미스터 빅을 뚫어지게 쳐다본다.

장면 295.0 — "결혼 피로연"

실내. 결혼 피로연 — 잠시 후
땃쥐들이 춤추고 즐긴다. 닉은 아주 작은 결혼 케이크를 먹고 있다.

미스터 빅	오터톤은 우리 집 원예사야. 우리 식구나 다름없지. 내게 긴히 상의할 게 있다고 해서 그를 데려오라고 차를 보냈던 거야. 그런데 그는 오지 않았어.

주디 홉스	공격을 받았기 때문이죠.

미스터 빅	아냐… 그가 공격했던 거야.

주디 홉스	오터톤이요?

motion 손짓을 하다   pay it forward 선행 나누기, 사회에 환원하다   discuss 논의하다   attack 공격하다

MR. BIG   Otterton. He went crazy. Ripped up the car, scared my driver half to death and disappeared into the night.

JUDY HOPPS   He's a sweet little otter.

MR. BIG   My child, we may be evolved... but deep down we are still animals.

Nick and Hopps trade a worried glance.

SEQUENCE 300.0 — "THE CANOPY"

EXT. "RAINFOREST DISTRICT" — LATER THAT NIGHT

Judy and Nick crossing a bridge to a moss-covered house in the Rainforest District.

MR. BIG   (O.S.) You want to find Otterton... talk to the driver of the car. His name's Manchas, lives in the Rainforest District. Only he can tell you more.[52]

They reach the mossy door of the DRIVER'S HOUSE and ring the doorbell.

JUDY HOPPS   Mr. Manchas? Judy Hopps, ZPD. We just want to know what happened to Emmitt Otterton.

미스터 빅	오터톤이. 그가 미쳐 차 안을 갈기갈기 찢었지. 내 운전사를 초죽음으로 만들고, 어둠 속으로 사라졌어.
주디 홉스	그 친구는 작고 귀여운 수달인데요.
미스터 빅	이봐, 친구. 우리는 진화했을 수도 있지만… 내면 깊은 곳에는 아직 동물의 본성이 남아 있지.

닉과 주디는 서로 걱정스러운 눈빛을 나눈다.

장면 300.0 ― "우거진 숲"

실외. "열대우림 구역" ― 그날 밤
주디와 닉은 열대우림 구역의 이끼 가득한 집으로 향한 다리를 건너고 있다.

미스터 빅	(화면 밖 목소리) 오터톤을 찾고 싶으면 그 운전사와 얘기해 봐. 그의 이름은 만차스. 열대우림에 살지. 더 이상 얘기해 줄 수 있는 사람은 그 친구밖에 없어.

둘은 운전사가 사는 집, 이끼가 뒤덮인 문으로 다가가 벨을 누른다.

주디 홉스	만차스 씨 계신가요? 주토피아 경찰서의 주디 홉스입니다. 에밋 오터톤 씨한테 무슨 일이 있었는지 알고 싶어서 왔어요.

---

go crazy 미치다　rip up 갈기갈기 찢다　evolve 진화하다　deep down 무의식 깊숙한 곳에　glance 흘깃 보다　mossy 이끼가 덮인

MANCHAS (through door gap) You should be asking... what happened to me.

The Door opens to the chain, revealing... MANCHAS is... a HUGE JAGUAR, but he's been badly beaten up, he has a black eye, and a scratches. Nick and Hopps are taken aback.

NICK Whoa. A teensy otter... did that?

JUDY HOPPS What... happened?

MANCHAS He was an animal...

THE FLASHBACK:

MANCHAS (O.S) Down on all fours... he was a savage!

MANCHAS (haunted) There was no warning, just kept yelling about the "Night Howlers..." over and over... the Night Howlers.

Nick and Hopps share a subtle look– they have no idea what "Night Howlers" are.

NICK So you know about the Night Howlers, too? Good, good, good. Because Night Howlers... are exactly what we are here to talk about. (to Hopps) Right?

만차스	(문틈으로) 내가 무슨 일을 당했는지… 물어야지.

문이 열렸지만 쇠줄이 걸려 있다. 만차스는 덩치가 큰 재규어라는 것을 알 수 있다. 그러나 이 재규어는 흠씬 두들겨 맞은듯 눈이 멍들어 있고, 긁힌 자국이 있다. 닉과 주디는 아연실색한다.

닉	와아. 그 조그만 수달이… 그랬어요?
주디 홉스	어떻게… 된 일이에요?
만차스	그 친구는 완전 짐승이었어…

회상 장면:

만차스	(화면 밖 목소리) 네 발로 기어다니는 동물이었다니까. 완전히 야수 같았어!
만차스	(겁에 질린 듯) 그리곤 갑자기 '밤의 울음꾼'이라고 소리 질렀어. 계속해서… '밤의 울음꾼'이라고.

'밤의 울음꾼'이 뭔지 모른다는 듯 닉과 주디는 미묘한 눈짓을 나눈다.

닉	그러니까 당신도 '밤의 울음꾼'에 대해 안다는 거죠? 좋아요, 좋아요. '밤의 울음꾼'에 대해 우리가 여기 얘기하러 온 거니까요. (주디에게) 그렇지?

be badly beaten up 흠씬 두들겨 맞다 have a black eye 눈에 멍이 들다 be taken aback 아연실색하다 flashback 과거 회상 장면 down on all fours 네 발로 기어다니는 savage 야수 share a subtle look 미묘한 눈짓을 주고받다

JUDY HOPPS Yep. So you just open the door and tell us what you know and we will tell you what we know. Okay?

MANCHAS Okay.

As Manchas considers this, closes the door. Judy gives Nick an impressed look.

JUDY HOPPS Clever fox.

Manchas starts to unlock… then screams.

JUDY HOPPS Mr. Manchas?

Hopps slowly pushes the door open, revealing Manchas is in the center of the room, hunched over.

NICK Buddy?

JUDY HOPPS Are you… okay?

Hopps looks at Manchas. RAAAGH!!! Manchas turns, right at them. His eyes are dilated, he's turned savage!

JUDY HOPPS Run. RUN!

주디 홉스	넵. 그러니까 문을 열어서 알고 있는 걸 우리한테 말하면 우리도 말해 줄게요. 알았죠?
만차스	알았어.

만차스가 이 제안을 고려하며 문을 닫는다. 주디는 닉을 의미심장하게 본다.

주디 홉스	똑똑한 걸.

만차스는 열쇠를 풀기 시작하더니… 곧 비명을 지른다.

주디 홉스	만차스 씨?

주디는 문을 서서히 밀어서 연다. 만차스가 방 가운데에 웅크리고 있는 것이 보인다.

닉	저기요?
주디 홉스	괜찮…아요?

주디가 만차스를 본다. 어흥!!! 만차스가 둘에게 몸을 돌린다. 동공이 팽창된 게 영락없는 야수의 모양새다!

주디 홉스	도망쳐. 도망치라고!

unlock 풀다 hunch (등을) 구부리다 (hunch over 웅크리다) be dilated 팽창되다 turn savage 야수로 돌변하다

CHAPTER 13

Manchas Goes Savage

SEQUENCE 305.0 — "MANCHAS GOES SAVAGE"

The Jaguar tears after them, he's deranged, primal. Nick and Hopps run! The jaguar is closing in.

NICK What is wrong with him?!

JUDY HOPPS I don't know!!

Nick and Hopps run across a bridge. Manchas closes in.

JUDY HOPPS Jump!

They jump off the bridge to a lower branch. They duck into a hollow log and Manchas follows them.

13. mp3

장면 305.0 — "야수로 돌변한 만차스"

정신이 돌아 완전히 원시의 야수가 된 재규어가 덤벼들자 닉과 주디는 도망친다! 재규어가 가까이 다가온다.

닉   쟤는 왜 저렇게 된 거야?!

주디 홉스   나도 몰라!!

닉과 주디는 다리 위를 달리고 재규어가 바짝 뒤쫓고 있다.

주디 홉스   뛰어내려!

둘은 낮은 가지로 뛰어내려 속이 빈 통나무로 몸을 숨긴다. 만차스가 그들을 쫓는다.

tear after 덤벼들다 deranged 정신이 돈 primal 원시의 close in 가까이 다가오다 hollow 빈, 움푹 꺼진

JUDY HOPPS   Head down!

Hopps frantically picks up her police radio.

JUDY HOPPS   Officer Hopps to dispatch!

<u>INT. POLICE STATION — DISPATCH — SAME TIME</u>
We find Clawhauser showing a wolf prisoner a video on his phone. It's a video of pop star Gazelle singing and dancing. A RED LIGHT blinks on the microphone, but Clawhauser ignores it.

CLAWHAUSER   Are you familiar with Gazelle?[53] Greatest singer of our lifetime– angel with horns– okay hold on keep watching. Who is that beside her? Who is it?

REVEAL: Clawhauser is dancing on stage with Gazelle.

GAZELLE   (on phone) Wow you are one hot dancer... (digitized robo-voice) ...BENJAMIN CLAWHAUSER.

주디 홉스	머리 숙여!

주디는 황급히 경찰 무전기를 집어든다.

주디 홉스	홉스 경관, 긴급 상황!

실내. 경찰서 — 긴급 대기 — 같은 시간

클로하우저가 늑대 죄수에게 자기 폰에 있는 동영상을 보여 주고 있다. 팝스타 가젤이 춤추면서 노래하는 동영상이다. 데스크 위의 마이크로폰에 빨간 불이 번쩍이지만 클로하우저는 무시한다.

클로하우저	가젤 잘 알아? 우리 시대의 가장 뛰어난 가수지. 뿔 달린 천사라고나 할까? 자, 계속 보고 있어봐. 그 옆에 있는 게 누구지? 누구냐고?

클로하우저가 가젤과 함께 무대에서 춤을 추고 있는 게 보인다.

가젤	(폰에서) 와, 정말 춤을 잘 추시는군요… (기계음으로) 벤자민 클로하우저.

police radio 경찰 무전기 dispatch 급보, 긴급 보고 video 동영상 blink 깜박거리다 microphone 마이크로폰 ignore 무시하다 digitized robo-voice 디지털 목소리

CLAWHAUSER It's me! Did you think it was real? It looks so real! It's not. It's just a new app. (finally notices ringing microphone) Hold on a second.

Clawhauser clicks the speaker button and –

JUDY HOPPS (O.S.) CLAWHAUSER!

EXT. THE CANOPY — SAME TIME
RAAGH! Takes a swipe at Hopps.

JUDY HOPPS Clawhauser, listen to me! We have a 10-91! Jaguar gone savage! Vine and Tuh-junja!

NICK It's Tuh-hunga!

The jaguar takes a swipe at Hopps and the radio falls out of her hands.

CLAWHAUSER (on radio) Sending back up! Hopps? HOPPS?!

Nick and Hopps run, sliding around a corner. Ahead is a sky tram station.

JUDY HOPPS There! Head to the sky trams!

클로하우저	바로 나야! 진짜인 줄 알았어? 진짜같지! 진짜는 나냐. 새로운 앱인데. (마침내 마이크로폰이 울리는 것을 알아차린다) 잠깐만.

클로하우저가 스피커 버튼을 누르자…

주디 홉스	(화면 밖 목소리) 클로하우저!

실외. 울창한 숲 — 같은 시간
어흥! 재규어가 주디에게 발을 휙 휘두른다.

주디 홉스	클로하우저, 잘 들어요! 10-91 상황! 재규어가 미쳐 날뛰어요. 위치는 바인 투준자!
닉	투훈가겠지!

재규어가 주디에게 발을 휙 휘두르자 그녀는 무전기를 손에서 떨어뜨린다.

클로하우저	(무전기로) 지원 경찰을 보낼게! 홉스? 홉스?!

닉과 주디는 모퉁이를 미끄러지듯 돌아 도망친다. 앞에 곤돌라(스카이 트램) 타는 곳이 보인다.

주디 홉스	저기! 스카이 트램으로 가자!

---

app 앱 (= application) canopy (숲 나뭇가지) 지붕 모양으로 우거진 take a swipe at ~에게 손을 휙 휘두르다 10-91 동물의 공격을 받고 있다는 경찰 무전 암호 back up 지원군 ahead 앞에

They run to the gondolas, Hopps darts out of Manchas' way, but slips and gets separated from Nick. He tries to hold on to the gondolas for Hopps, but it pulls away.

NICK Get in! Carrots? Carrots!

JUDY HOPPS Go!

Hopps struggles to regain her footing, but it's too slippery. Nick backs up... the jaguar stalks him.

NICK No, no, no!

NICK Buddy, one predator to another– no, no, NO!

The jaguar charges, but before it gets Nick– clank! – it's yanked back in place... we see a HANDCUFF on its back paw, attached to a metal post. Hopps cuffed him!

NICK I can tell you're tense, so I'm just gonna give you a little personal space.[54]

The jaguar thrashes, knocking Nick and Hopps over the edge. Hopps barely grabs a vine, but struggles to hold Nick in the other hand. Nick looks at the abyss below. Hopps looks around, her mind racing.

둘은 곤돌라를 향해 뛴다. 주디는 만차스를 피하지만 미끄러져 닉과 떨어진다. 닉은 주디를 태우려고 곤돌라를 붙잡고 있지만 움직이기 시작한다.

닉   타! 홍당무? 홍당무!

주디 홉스   가!

주디는 다시 일어서려고 하지만 너무 미끄럽다. 닉이 뒷걸음질 친다. 재규어가 닉에게 접근한다.

닉   안 돼, 안 돼, 안 돼!

닉   이봐, 같은 맹수끼리 왜 그래? 안 돼, 이러지 마, 이러지 말라고!

재규어가 달려들지만 닉을 덮치기 전에, 찰카닥! 하는 소리가 나더니 재규어가 다시 제자리로 끌려간다. 뒷다리에 수갑이 채워져 쇠기둥에 묶여 있는 것이 보인다. 주디가 수갑을 채운 것이다!

닉   네 신경이 좀 날카로워진 것 같으니 좀 떨어져 있어야겠어.

재규어가 몸부림쳐서 닉과 주디는 데크 가장자리로 넘어뜨린다. 주디는 간신히 넝쿨을 쥐고 다른 한 발은 닉이 떨어지지 않게 잡고 있다. 닉은 아득한 낭떠러지를 내려다본다. 주디는 주위를 돌아보며 부지런히 머리를 굴리고 있다.

---

gondola 곤돌라, 케이블카 **dart out of someone's way** ~가 잡지 못하게 피하다 **separated from** ~에서 분리되다 **regain her footing** 다시 제대로 서다 **back up** 뒷걸음치다 **charge** 달려들다 **handcuff** 수갑 **cuff** 수갑을 채우다 **thrash** 때리다 **abyss** 깊은 구렁

NICK: Rabbit, whatever you do, do not let go!

JUDY HOPPS: I'm gonna let go!

NICK: No, you what? You must have misunderstood me. I said don't– noooo!

JUDY HOPPS: One, two– (effort)

NICK: RABBIT?!

Hopps lets go, swinging them over to a netting of vines, kind of on top of each other. They can't believe they're alive. They look at each other, stunned, relieved...

NICK: Carrots, you saved my life.

JUDY HOPPS: Well, that's what we do at the ZP (the branch snaps!!!) Deeeeeeeeeeee...[55]

닉   토끼, 어떻게 하든 내 손만 놓지 마!

주디 홉스   놓을 거야!

닉   뭐, 무슨 소리를 하는 거야? 내 말을 잘못 들은 모양인데, 놓지 말… 안 돼!

주디 홉스   하나, 둘… (힘 쓰는 소리)

닉   토끼?!

주디는 넝쿨이 그물처럼 엉킨 쪽으로 자신과 닉을 날리면서 쥐고 있던 넝쿨을 놓는다. 둘은 위아래로 엉킨 그물 같은 곳으로 떨어진다. 둘은 아직 살아 있다는 것이 믿어지지 않는다는 듯이 서로 바라보면서 어안이 벙벙하지만 안도의 한숨을 쉰다.

닉   홍당무, 네가 날 살렸어.

주디 홉스   그야, 우리 주토피아 경찰들이 당연히 해야 하는 (나뭇가지가 부러진다) 일인…

---

let go 쥐고 있던 것을 놓다 **on top of each other** 서로 포개져서 **stunned** 어안이 벙벙한 **relieved** 안심이 돼서 **snap** 딱 부러지다

Nick and Hopps plummet. They are about to hit the ground, but a vine attached to their bodies stops them right before impact. Woo-wooo-wooo a convoy of police arrive, screeching in front of them. Out steps... Bogo. Hopps smiles, the cavalry has arrived.

CHIEF BOGO   Well, this should be good.

SEQUENCE 315.0 — "WE STILL HAVE TEN HOURS"

Hopps leads the cops up to the canopy, full of confidence.

JUDY HOPPS   I thought this was just a missing mammal case, but it's way bigger.[56] Mr. Otterton didn't just disappear, believe me, he, and this jaguar... they went savage, Sir.

CHIEF BOGO   (scoffing) Savage? This isn't the Stone Age, Hopps. Animals don't go savage.

JUDY HOPPS   I thought so too, 'til I saw this...

They turn the corner where Hopps cuffed the jaguar and... the jaguar is gone. There is no sign of him... or his handcuffs. It's like it never happened. Hopps' eyes go wide.

닉과 주디가 아래로 급강하한다. 바닥으로 떨어지려는 찰나 음에 엉킨 넝쿨 덕에 충돌은 면한다. 경찰차가 우우 소리를 내며 다가오더니 둘 앞에서 끽 소리를 내며 급정거한다. 차에서 내리는 이는 보고 서장이다. 주디가 미소를 짓는다. 경찰 기동대가 도착했다.

보고 서장 이거, 참 재미있어지겠는데.

장면 315.0 — "아직 10시간이 남았어요"

주디는 자신만만하게 경찰들을 우거진 숲 나뭇가지들 쪽으로 안내한다.

주디 홉스 저는 처음에는 단순히 포유류 실종 사건인 줄 알았거든요. 그런데 훨씬 더 심각한 사건이에요. 오터톤 씨는 그냥 실종된 게 아니에요. 정말이에요, 그와 이 재규어 모두 야수로 돌변했어요, 서장님.

보고 서장 (콧방귀를 뀐다) 야수로 돌변했다고? 지금은 석기시대가 아냐, 홉스. 동물들은 야수로 변하지 않아.

주디 홉스 저도 그렇게 생각했죠, 이걸 보기 전까진…

경찰들은 모퉁이를 돌아 주디가 재규어에게 수갑을 채운 곳으로 가지만 재규어는 사라졌다. 재규어도 수갑도 없다. 아무 일도 없었던 모양새다. 주디의 눈이 휘둥그래진다.

---

plummet 급강하하다   impact 충격   convoy 호송대   screech 끽 소리를 내다   cavalry 기동대   full of confidence 자신만만하여
scoff 콧방귀를 뀌다   Stone Age 석기시대

JUDY HOPPS   What? He was right here...

CHIEF BOGO   The "savage" jaguar.

JUDY HOPPS   Sir, I know what I saw– he almost killed us.

CHIEF BOGO   Or maybe any aggressive predator looks savage to you rabbits. (calls out) Let's go.

Bogo gives the cops a signal, they're leaving.

JUDY HOPPS   Wait– Sir, I'm not the only one who saw him![57] (to Nick) Nick.

Hopps turns to Nick, but before he can explain:

CHIEF BOGO   (incredulous) You think I'm going to believe a fox?

JUDY HOPPS   Well, he was a key witness and I...

CHIEF BOGO   (cold) Two days to find the otter... or you quit... that was the deal. Badge.

Nick looks at Hopps, realizing she will have to resign.

JUDY HOPPS   Sir, we...

| 주디 홉스 | 이게 어떻게 된 거지? 바로 여기 있었는데… |

| 보고 서장 | '야수'가 된 재규어라. |

| 주디 홉스 | 서장님, 제가 본 것은 사실이에요. 그가 우리를 죽일 뻔했다고요. |

| 보고 서장 | 아니면, 토끼들한테는 맹수들이 야수처럼 보일 수도 있겠지. (외친다) 가지. |

보고가 경찰들에게 신호를 하자, 다들 떠난다.

| 주디 홉스 | 잠깐만요, 서장님, 재규어가 그러는 걸 저만 본 게 아니에요! (닉에게) 닉. |

주디가 닉에게 몸을 돌린다. 하지만 닉이 설명하기도 전에…

| 보고 서장 | (믿어지지 않는다는 듯이) 나더러 여우 말을 믿으라고? |

| 주디 홉스 | 닉은 아주 중요한 증인이고 전… |

| 보고 서장 | (차가운 목소리로) 수달을 찾으라고 내가 이틀을 줬네, 못 찾으면 자네는 그만둬야 하고. 그건 약속이었어. 배지 내놔. |

닉은 주디를 보니 주디가 일을 관둬야 한다는 걸 알게 된다.

| 주디 홉스 | 서장님, 우리는… |

---

aggressive 공격적인 call out 소리치다 incredulous 믿을 수 없다는 듯이 key witness 중요한 증인 resign 사직하다

CHIEF BOGO   Badge.

Hopps reluctantly starts to unclip her badge...

NICK   (O.S.) Uh, no.

Bogo stops, and glares at Nick.

CHIEF BOGO   What did you say, fox?

NICK   Sorry, what I said was "no," she will not be giving you that badge. Look, you gave her a clown vest and a three-wheel joke-mobile and two days to solve a case... you guys haven't cracked in two weeks? Yeah, no wonder she needed to get help from a fox,[58] none of you guys were gonna help her, were you?

Hopps looks at Nick, stunned he's sticking up for her.

NICK   Here's the thing Chief, you gave her the 48 hours, so technically we still have 10 left to find our Mr. Otterton... and that's exactly what we are gonna do, so if you'll excuse us... we have a very big lead to follow and a case to crack, good day.

Nick & Hopps walk to sky tram, leaving Bogo and the rest of the police watching, stunned.

| 보고 서장 | 배지 내놔. |

주디는 망설이며 배지를 떼려고 하는데…

| 닉 | (화면 밖 목소리) 어, 안 돼요. |

보고가 동작을 멈추고는 닉을 노려본다.

| 보고 서장 | 뭐라고 했지, 여우? |

| 닉 | 죄송하지만, 저는 '안 된다'고 했어요. 주디는 서장님께 경찰 배지를 돌려주지 않을 겁니다. 이것 보세요, 서장님은 주디한테 광대나 입는 조끼와 세 바퀴짜리 장난감 카트를 줬죠. 그리고는 다른 경찰들은 2주 동안이나 뭉개고 있던 사건을 이틀 만에 해결하라고 하셨잖아요. 그러니 주디가 여우한테 도움을 청한 것도 무리가 아니죠. 경찰들이 누구 하나 주디를 도와주려고 했나요, 안 그래요? |

주디는 닉이 자신을 그렇게 변호해 주는 것을 보고 놀라 그를 본다.

| 닉 | 그러니까, 서장님. 서장님은 주디한테 48시간을 주셨으니까, 엄밀하게 말하면 오터톤 씨를 찾는 데는 아직 10시간이 남았다는 겁니다. 우리가 지금 하려는 일은 바로 오터톤 씨를 찾는 겁니다. 따라서 실례가 안 된다면 우리는 지금 사건을 해결할 수 있는 아주 중요한 단서를 쫓고 있으니까, 이만 가볼게요. |

닉은 주디는 곤돌라로 향한다. 보고를 비롯한 경찰들은 어안이 벙벙해서 지켜보고 있다.

---

reluctantly 마지못해 glare at ~를 노려보다 crack 해결하다 stick up for ~를 변호하다, 옹호하다 technically 엄밀하게 말하자면 lead 단서

CHAPTER 14

Deeply Hurt

SEQUENCE 325.0 — "GONDOLA"

NICK (opens the door) Officer Hopps?

INT. / EXT. GONDOLA
Hopps and Nick both stare straight ahead.

JUDY HOPPS Thank you.

NICK Never let 'em see that they get to you.

Hopps looks at Nick, a little surprised. Nick looks out.

JUDY HOPPS So, things get to you...

NICK No.... I mean, not anymore. But I was small and emotionally unbalanced like you once.

14. mp3

장면 325.0 — "곤돌라"

닉　　　　(문을 열며) 홉스 경관님.

실내. / 실외. 곤돌라
주디와 닉은 둘 다 앞만 바라본다.

주디 홉스　　고마워.

닉　　　　네가 만만한 것처럼 보이지 마.

주디는 약간 놀라서 닉을 본다. 닉은 밖을 내다보고 있다.

주디 홉스　　그러니까 너도 상처 받아봤니?

닉　　　　아니, 지금은 아니지만 나도 전에는 너처럼 작고 좀 불안정했지.

---

stare straight ahead 앞만 바라보다　emotionally 감정적으로, 정서적으로　unbalanced 균형이 잡히지 않은

JUDY HOPPS	Har-har.
NICK	No, it's true. (retreating into the memory) I think I was 8, maybe 9 and all I wanted to do was join the Junior Ranger Scouts.[59]

INT. YOUNG NICK'S HOUSE (FLASHBACK)

YOUNG NICK, tiny and cherubic, looks in the mirror. We see MOTHER's paws tying the scout kerchief around his neck. Young Nick smiles proudly.

NICK	(V.O.) ...so my mom scraped together enough money to buy me a brand new uniform... Cuz by god, I was gonna fit in, even if I was the only predator in the troop– the only fox.

A SCOUT MEETING (FLASHBACK)

Young Nick enters a basement, spots a GROUP OF PREY KIDS, all in scout uniforms. They wave him over.

MEAN KID ANIMAL	OK, Nick!
NICK	(V.O.) I was going to be part of a pack.
MEAN KID ANIMAL	Ready for initiation?
YOUNG NICK	Yeah, pretty much born ready!

주디 홉스	하, 하.
닉	아냐, 정말이야. (과거를 회상한다) 아마 내가 여덟 살인가, 아홉 살 때였을 거야. 난 그냥 어린이 레인저 스카우트에 들어가고 싶었는데.

실내. 어린 닉의 집 (회상 장면)
작고 통통한 어린 닉이 거울을 보고 있다. 닉의 목에 소년단 스카프를 매주는 엄마 손이 보인다. 어린 닉은 자랑스럽게 미소짓는다.

닉	(목소리) 그래서 엄마는 있는 돈, 없는 돈을 다 긁어모아 새 유니폼을 사 주셨지… 정말 좋았어. 소년단원 중에서 맹수에 속하는 동물은 나밖에 없지만 다른 동물들과 어울릴 수 있게 되는 거니까, 여우는 나뿐이었지.

소년단 집회 (회상 장면)
어린 닉이 지하실로 내려가더니 소년단복을 입은 온순한 동물들이 모여 있는 것을 본다. 다른 동물들이 이리로 오라고 손짓한다.

야비한 어린 동물	잘 왔어, 닉!
닉	(목소리) 다른 애들과 같이 어울리게 되는 거니까.
야비한 어린 동물	신고식 준비는 됐니?
어린 닉	그럼, 준비됐고말고!

---

retreat into the memory 과거를 회상하다 cherubic 살이 통통하게 찐 kerchief (목, 머리에 두르는) 스카프 scrap together 돈을 긁어 모으다 brand new 아주 새 것인 be part of a pack 동아리에 끼다 initiation 신고식

They high five Nick. It looks promising and fun.

NICK (V.O.) I was so proud.

Suddenly, the lights go off. Other KIDS switch on FLASHLIGHTS, shining them on Nick.

MEAN KID ANIMAL Okay. Now raise your right paw and deliver the oath.

YOUNG NICK I, Nicholas Wilde, promise to be brave, loyal, helpful, and trustworthy.

MEAN KID ANIMAL Even though you're a fox?

YOUNG NICK What?

Flashlight off, then Young Nick gets roughly pushed to the floor. A bunch of KID ANIMALS tackles Nick. The mean kid snaps a muzzle on Nick's snout.

다른 동물들이 닉과 하이파이브를 한다. 모든 게 잘돼서 재미있을 것 같다.

닉 (목소리) 나는 아주 자랑스러웠지.

갑자기 불이 꺼진다. 다른 아이들이 플래시를 켜고는 닉한테 플래시를 비춘다.

야비한 어린 동물 자, 오른발을 들고 선서를 하는 거야.

어린 닉 나, 니콜라스 와일드는 용감하고, 충성스러우며, 항상 남을 돕고, 신의가 있을 것을 맹세합니다.

야비한 어린 동물 여우인데도?

어린 닉 뭐라고?

플래시라이트가 꺼지고, 어린 닉은 바닥에 밀쳐진다. 어린 동물들이 그에게 덤벼든다. 한 약은 아이가 닉의 주둥이에 입마개를 씌운다.

oath 선서, 맹세 loyal 충성스러운 trustworthy 신의가 있는 even though 비록 ~일지라도 a bunch of ~의 한 무리 muzzle 입마개, 재갈 snout (여우, 돼지 등의) 코, 주둥이

YOUNG NICK No! No! What did I do wrong you guys? Please! Tell me what I did wrong! What did I do?!

MEAN KID ANIMAL If you thought we'd ever trust a fox without a muzzle, you're even dumber than you look.

Young Nick runs out of the building and goes to the side, terrified. The others laugh cruelly.

MEAN KID ANIMALS (chuckle) Cry baby. / Aw, Is he gonna cry?

Nick panics as he struggles to remove the muzzle. It won't come off. Finally– painfully– he pulls it over. He throws the muzzle to the ground. He collapses, weeping.

The flashback ends and we return the present.

NICK I learned two things that day. One, I was never going to let anyone see that they got to me.

Judy looks at Nick.

JUDY HOPPS ...And two?

NICK If the world's only gonna see a fox as shifty and untrustworthy, there's no point trying to be anything else.[60]

어린 닉 이러지 마! 이러지 말라고! 내가 너희들한테 뭘 잘못했는데? 제발! 내가 뭘 잘못했는지 말해 봐! 내가 뭘 어쨌는데?!

야비한 어린 동물 우리가 입마개를 안 채운 여우를 믿을 거라고 생각했어? 보기보다 멍청하네.

어린 닉은 건물을 뛰쳐나와 두려움에 떨며 구석으로 간다. 다른 동물들은 매정하게 낄낄대며 웃는다.

야비한 어린 동물들 (낄낄 웃으며) 이 울보야. / 오오, 울고싶나봐?

닉은 입마개를 벗으려고 용을 쓰지만 벗겨지지 않는다. 결국 가주 힘들게 닉은 입마개를 벗겨낸다. 그것을 땅 위에 내동댕이친다. 그리고는 땅바닥에 주저앉아 운다.

회상 장면이 끝나고 현재 장면으로 돌아온다.

닉 그날 나는 두 가지를 배웠지. 첫 번째, 절대로 단만하게 보이면 안 된다.

주디는 닉을 본다.

주디 홉스 그러면 두 번째는?

닉 세상이 여우는 교활하고 믿을 수 없다고 본다면, 다른 게 되려고 애쓰지 말자.

---

run out of ~에서 도망 나오다 cruelly 매정하게 painfully 극도로, 아플 정도로 collapse 무너지다 shifty 교활한

JUDY HOPPS   Nick, you're so much more than that...

              Judy touches Nick's arm. The city at dawn comes into view. It's gotten too real for Nick. He abruptly changes the subject.

NICK   Boy. Will you look at that traffic down there? (putting on radio voice) Let's go to Chuck in Traffic Central– Chuck how things looking on those Jam Cams?

JUDY HOPPS   Nick, I'm glad you told me...

NICK   (lightbulb moment!) The Jam Cams...!

JUDY HOPPS   Seriously, it's OK...

NICK   No-n-shh-shush! There are traffic cameras everywhere. All over the canopy. Whatever happened to that jaguar–

JUDY HOPPS   The traffic cams would have caught it!

주디 홉스	닉, 넌 그 이상의 가치가 있어…
	주디는 닉의 팔에 손을 댄다. 동이 트는 도시가 눈에 들어온다. 닉에게는 그 광경이 너무 현실적으로 느껴진다. 닉은 갑자기 화제를 바꾼다.
닉	와, 차가 많이 밀리네. (라디오 아나운서 목소리를 흉내내며) 교통본부의 척 나오세요. 척, 교통 카메라에 찍힌 정체 상황은 어떻습니까?
주디 홉스	닉, 네 얘기해 줘서 고마워.
닉	(전구가 갑자기 밝아지듯 생각이 떠오른다!) 교통 카메라…!
주디 홉스	정말이야, 괜찮아…
닉	좀 조용히 해! 교통 카메라는 여기저기 다 있잖아. 나무 꼭대기에도 있고. 재규어에게 무슨 일이 일어났는지도…
주디 홉스	교통 카메라에 찍혔을 거야!

abruptly 갑자기 change the subject 화제를 바꾸다 put on radio voice 라디오 아나운서 같은 목소리로 말하다 lightbulb moment 갑자기 좋은 생각이 떠오른 순간 shush 쉿 traffic camera 교통 카메라

NICK Bingo!

Hopps gives him a chuck on the arm, impressed.

JUDY HOPPS Pretty sneaky, Slick.

NICK However. If you didn't have access to the system before, I doubt Chief Buffalo Butt is gonna let you into it now.[61]

JUDY HOPPS No. But I have a friend at City Hall who might.

SEQUENCE 355.0 — "HELP FROM BELLWETHER"

INT. CITY HALL

At City Hall, Bellwether is following Mayor Lionheart, carrying a large pile of folders.

BELLWETHER Sir? If we could just review these very important– (almost drops papers) Sir?

Bellwether is now having to dodge other animals, she almost steps on a LITTLE MOUSE LADY.

닉	맞아!

주디는 감탄하며 닉의 팔을 가볍게 찌른다.

주디 홉스	머리가 아주 잘 돌아가네, 꾀쟁이.

닉	그런데. 네가 전자 등록이 안 됐는데, 그 물소 서장이 허락해 줄지 모르겠네.

주디 홉스	안 하지. 하지만 시청에 도와줄 친구가 있어.

장면 355.0 — "벨웨더의 도움"

실내. 시청

시청에서 벨웨더 보좌관은 파일을 가득 들고 라이언하트 시장을 따라가고 있다.

벨웨더	시장님? 이 중요한 건을 검토할 수 있다면… (서류를 떨어뜨릴 뻔한다) 시장님?

벨웨더는 이번에는 다른 동물들을 피해야만 한다. 벨웨더는 작은 생쥐 부인을 밟을 뻔한다.

Bingo! 맞았어!　chuck 가볍게 찌르기　sneaky 교활한　slick (속어) 사기꾼　City Hall 시청　step on ~를 밟다

BELLWETHER   Ooo, I'm sorry... sir?!

MAYOR   Okay! I heard you Bellwether, just take care of it. Please.
LIONHEART   (setting folder atop stack of papers) And clear my afternoon, I'm going out.[62]

BELLWETHER   Oh no no! But, sir, you have a meeting with Herds and Grazing... sir...

Mayor Lionheart enters his office and lets the doors slam right in Bellwether's face, making her spill everything.

BELLWETHER   Oh, mutton chops.

Judy helps pick up a folder.

JUDY HOPPS   Assistant Mayor Bellwether? We need your help.

| 벨웨더 | 오오, 미안… 시장님?! |

| 라이언하트 시장 | 알았어! 벨웨더, 자네가 처리해, 제발. (서류 뭉치 위에 폴더를 하나 얹는다) 그리고 오후 약속은 다 취소해. 나 외출하니까. |

| 벨웨더 | 오 안 돼요, 안 돼요! 시장님, '허즈 앤 그레이징' 사와 회의가 있는데요, 시장님… |

라이언하트 시장이 사무실로 들어가고 벨웨더 앞에서 문이 쾅 닫히자, 그녀의 서류들이 바닥에 쏟아진다.

| 벨웨더 | 오, 너무하네. |

주디가 서류 줍는 것을 돕는다.

| 주디 홉스 | 벨웨더 보좌관님? 도움이 필요해요. |

---

atop ~의 위에 stack 무더기 mutton chops 이런 세상에 (mutton chop은 '양갈빗살', 벨웨더가 양이라서 이런 표현을 사용함)

CHAPTER 15

Checking the Traffic Cams

<u>INT. BELLWETHER'S OFFICE — LATER</u>

They're in Bellwether's cramped little office.

JUDY HOPPS   We just need to get into the traffic cam database.

Nick subtly touches her wool puff.

NICK   (mouths, to Hopps) So fluffy...

JUDY HOPPS   Hey!

15. mp3

실내. 벨웨더의 사무실 — 잠시 후
그들은 벨웨더의 비좁은 사무실에 있다.

주디 홉스　　교통 카메라 영상을 확인해야 해요.

닉은 벨웨더의 복슬복슬한 털을 살짝 만져본다.

닉　　(주디에게 입모양만으로 말한다) 너무 복슬복슬해.

주디 홉스　　이봐!

cramped 비좁은 subtly 살짝 puff 복슬복슬한 털 fluffy 복슬복슬한

NICK   Sheep never let me this close.

JUDY HOPPS   You can't just touch a sheep's wool.

NICK   …like cotton candy.

JUDY HOPPS   Stop it!

              Judy swats Nick. Bellwether looks up at Hopps, mid-swat.

BELLWETHER   Where to?

JUDY HOPPS   Rainforest District, Vine and Tujunga.

BELLWETHER   There! Traffic cams for the whole city. This is so exciting actually. I never get to do anything this important.

JUDY HOPPS   You're the Assistant Mayor of Zootopia.

BELLWETHER   Oh, I'm more of a glorified secretary. I think Mayor Lionheart just wanted the sheep vote… (then, cheerily) But he did get me that nice mug.

              She shows a coffee mug with the words "World's Greatest Dad" on it, with Dad crossed out and over it has "Assistant Mayor".

닉	양은 이렇게 가까이 오지 못하게 하거든.
주디 홉스	양 털은 만지면 안 돼.
닉	솜사탕 같아.
주디 홉스	그만해!

주디가 닉을 치려는데, 벨웨더가 주디를 쳐다본다.

벨웨더	어디?
주디 홉스	열대우림 구역의 바인 투훈가요.
벨웨더	저기 있네! 도시 전역에 다 교통 카메라가 있어. 이거 정말 신나는 일이야. 난 이렇게 중요한 일을 해본 적이 없어.
주디 홉스	주토피아 시장 보좌관님이시잖아요.
벨웨더	오, 난 그냥 장식용 비서일 뿐이야. 라이언하트 시장이 양들의 표를 얻으려고 여기 앉혀놓은 것 같아. (그러더니 쾌활한 목소리로) 하지만 저 멋진 머그컵을 시장님이 주셨지.

그녀는 '세계 최고의 아빠!'라고 쓰여진 커피 머그잔을 보여 주는데, '아빠'를 긋고 그 위에 '시장 보좌관'이라고 쓰여 있다.

---

cotton candy 솜사탕 swat 찰싹 때리다 mid-swat 찰싹 때리려고 손을 드는데 get to do 무엇을 하게 되다 glorified secretary 장식용 비서

BELLWETHER   Feels good to be appreciated.

MAYOR   (intercom) Smellwether?!
LIONHEART

            Bellwether cringes and gets up.

BELLWETHER   Oh, that's a fun little name he likes to use. I called him Lionfart once. He didn't care for that. Let me tell you it was not a good day for me.[63] (into intercom) Yes, sir?

MAYOR   I thought you were going to cancel my afternoon?!
LIONHEART

BELLWETHER   Doh, dear, I better go. Let me know what you find, it was really nice for me to be–

MAYOR   While we're young, Smellwether!
LIONHEART

BELLWETHER   Oh!

            Bellwether finally opens her big heavy door and leaves.

NICK   You think when she goes to sleep she counts herself?

JUDY HOPPS   Oh shush. Okay. Traffic cams. Tujunga, Tujunga... we're in.

벨웨더	인정 받는다는 것은 기분 좋은 일이거든.
라이언하트 시장	(인터폰을 통해) 냄새풀풀웨더?!

벨웨더가 몸을 움찔하더니 일어선다.

벨웨더	아, 시장님이 저렇게 부르는 걸 좋아하시지. 나도 전에 한 번 라이언 방구라고 불렀지. 그랬더니 좋아하지 않더라고. 운이 좋지 않은 날이었다고나 해야지. (인터폰에다 대고) 네, 시장님?
라이언하트 시장	내 오후 스케줄을 모두 취소했겠지?!
벨웨더	이런, 세상에, 가봐야겠다. 뭘 발견했는지 알려 줘. 내가 도움이 돼서 정말 좋았어…
라이언하트 시장	뭘 그렇게 꾸물거리나, 냄새풀풀웨더!
벨웨더	이런!

벨웨더는 마침내 육중한 큰 문을 열고 나간다.

닉	보좌관도 잘 때 양을 셀까?
주디 홉스	이런, 조용히 해. 자, 교통 카메라를 보자구. 툰훈가, 툰훈가… 여기다.

be appreciated 인정을 받다 **cringe** 움찔하다 **care for** ~을 좋아하다 **cancel** 취소하다

Nick and Hopps watch the footage from the night before. We can see the jaguar going nuts. Then a BLACK VAN skids up, and some WOLVES hop out.

JUDY HOPPS   Who are these guys?

NICK   Timber wolves. Look at these dum dums.

The Wolves suddenly capture the jaguar with a net. Judy GASPS, shocked. Nick is unfazed.

NICK   Betcha a nickel one of 'em's gonna howl.[64]

One howls.

NICK   There it is. What is with wolves and howling?

JUDY HOPPS   Howlers. Night Howlers. That's what Manchas was afraid of... wolves! The wolves are the Night Howlers. If they took Manchas...

NICK   I bet they took Otterton too.

JUDY HOPPS   All we gotta do is find out where they went.

닉과 주디는 전날 밤에 찍힌 장면을 본다. 재규어가 미쳐 날뛰는 장면이 보인다. 그후 검은색 밴이 끽 소리를 내며 서더니 늑대들이 뛰어내린다.

주디 홉스   저게 누구야?

닉   회색늑대야. 저 멍청한 놈들 좀 봐.

늑대들은 갑자기 그물로 재규어를 잡는다. 주디는 놀래서 헉 소리를 내지만 닉은 전혀 놀라지 않는다.

닉   저 늑대들 중 하나가 울부짖는다는 데에 한 표를 찍지.

실제로 한 마리가 울부짖는다.

닉   저것 보라고. 늑대와 울음이 어쨌다는 거지?

주디 홉스   울음꾼, 밤의 울음꾼이라. 만차스가 무서워했던 게 바로 늑대였어! 늑대들은 밤에 울부짖는 밤의 울음꾼이야. 늑대들이 만차스를 잡아갔다면…

닉   늑대들이 오터톤도 잡아갔을 거야.

주디 홉스   그렇다면 늑대들이 어디로 갔는지만 알면 되겠네.

---

footage 장면, 영상   go nuts 미치다   skid up 자동차가 끽 소리를 내며 서다   hop out 펄쩍 뛰어내리다   dum dum 바보   unfazed 동요하지 않는   betcha 확실히 (= bet you)   nickel 5센트 (= 약700원)   howl (늑대, 개 등이) 울부짖다

She clicks the monitor... but as the wolves drive off, they disappear through a tunnel and don't come out the other side.

JUDY HOPPS
Wait. Where'd they go?

Nick squints at the picture.

NICK
You know, if I wanted to avoid surveillance because I was doing something illegal – which I never have – I would use the maintenance tunnel 6B... which would put them out...

He clicks on another camera. Nothing... then... the wolves emerge in the van.

NICK
Right there.

Hopps looks at Nick, impressed.

JUDY HOPPS
Look at you, Jr. Detective. You know I think you'd actually make a pretty good cop.

NICK
How dare you.

Hopps goes back to clicking... we track the wolves through alleys and back roads.

주디가 모니터를 클릭한다. 그러나 차로 떠난 늑대들은 터널 안으로 들어가지만 반대편으로 나오지 않는다.

주디 홉스 잠깐. 어디로 간 거지?

닉이 화면을 보며 눈을 가늘게 뜬다.

닉 있지, 내가 만약 불법적인 일을 하느라 감시 카메라에 찍히는 걸 피하고 싶다면 말야, 내가 실제로 그랬다는 건 아니고, 보수용 터널 6B을 이용하겠어, 그게 어디로 나오냐 하면…

닉이 다른 카메라를 클릭한다. 아무 것도 보이지 않다가, 잠시 후에 밴을 탄 늑대들이 나온다.

닉 바로 저기 있군.

주디는 감탄했다는 듯이 닉을 본다.

주디 홉스 와, 정말 끝내준다, 신출내기 형사. 넌 말야, 진짜 유능한 경찰이 될 수 있을 것 같아.

닉 웃기시네.

주디는 다시 클릭하기 시작한다. 늑대들이 골목길을 누비는 것이 보인다.

---

squint at 눈을 가늘게 뜨며 보다 surveillance 감시 illegal 불법적인 maintenance 유지 보수 emerge 나타나다 impressed 감탄한 alley 골목길 back road 뒷골목

NICK Acacia alley... Ficus underpass... South Canyon...

JUDY HOPPS They're heading out of town... Where does that road go?

SEQUENCE 380.0 — "CLIFFSIDE ASYLUM"

EXT. CLIFFSIDE ASYLUM

A ROCK BUILDING, an aging promontory called CLIFFSIDE ASYLUM. Nick and Hopps, hidden on the side of the road, spy from away. Nick and Hopps sneak up to the guard gate, where two wolves are stationed. Nick makes rapid signs with his paws to Judy, confusing her. Nick slips through the other side. The white timber wolf picks up Nick's scent and starts to look back where Nick is clinging. Judy howls. The guard howls and the other guard goes up to him.

닉	아카시아 길, 파이커스 지하 차도, 사우스 캐년으로 가네…
주디 홉스	저 놈들은 시내를 벗어나고 있어… 저 길은 어디로 가는 거지?

장면 380.0 — "클리프사이드 수용소"

실외. 클리프사이드 수용소

'클리프사이드 수용소'라고 불리는 꽤 오래된 벼랑의 바위 건물이다. 주디는 약간 떨어진 도로가에 몸을 숨기고 지켜보고 있다. 닉과 주디는 경비원들이 지키고 있는 문으로 살금살금 다가간다. 그곳에는 늑대 두 마리가 경비를 서고 있다. 닉은 주디에게 빠른 발짓으로 신호를 보내지만 주디는 이해하지 못한다. 닉이 한 쪽으로 미끄러져 들어간다. 회색늑대가 뭔가 냄새를 맡고 닉이 착 붙어 있는 곳으로 다가간다. 주디가 울부짖는다. 다른 경비가 울부짖고 또 다른 경비도 따라 울부짖는다.

---

asylum 수용소, 요양소   aging 오래된   promontory 바다로 삐죽 나온 곶   spy 몰래 살펴보다   sneak up to 몰래 살금살금 ~로 다가가다   be stationed 배치되어 있다   clinging 달라붙다

GARY THE WOLF GUARD   (howling)

WOLF GUARD Gary, quit it, you're gonna start a howl.

GARY THE WOLF GUARD I didn't start it. Oooooooo!

WOLF GUARD Ooooooooooo!

More wolves around the complex howl.

JUDY HOPPS Come on!

As they do, Judy and Nick run up to the entrance. Nick looks at Hopps, impressed.

NICK You are a clever bunny.

늑대 경비원 게리	(울부짖는다)
늑대 경비원	게리, 그만해, 자네가 시작하고 있잖아.
늑대 경비원 게리	내가 시작한 게 아냐. 우-우-우-우-우-우!
늑대 경비원	우-우-우-우-우-우!

건물 주변의 다른 늑대들도 울부짖는다.

주디 홉스	자, 가자!

늑대들이 울부짖는 사이 주디와 닉은 입구로 달려간다. 닉은 주디를 보며 감탄한다.

닉	똑똑한 걸.

---

complex 복잡한, 복합의   entrance 입구   clever 똑똑한

CHAPTER 16

We Cracked the Case

INT. CLIFFSIDE ASYLUM — LARGE ROOM

Nick and Hopps emerge from the drain pipe into the creepy asylum. They're in a large, cavernous room, full of old MEDICAL EQUIPMENT. It's like a combination of an old hospital and a turn-of the-century zoo.

JUDY HOPPS Looks like this was a hospital.

They see a door. Nick slowly and cautiously approaches the door to open it, slowly extends a paw, then he steps back and pushes Judy forward.

NICK (turns to Hopps) You know, after you, you're the cop.[65]

INT. CLIFFSIDE ASYLUM — MEDICAL WARD

Hopps cautiously pushes the door open to reveal... a room with modern medical equipment. Nick pops up behind her.

16. mp3

실내. 클리프사이드 수용소 — 큰 공간

닉과 주디는 배수관에서 나와 으스스한 수용소로 들어가, 구식 의료장비가 가득한 커다란 동굴 같은 방에 서 있다. 이곳은 마치 구식 병원에 세기말 동물원을 합쳐 놓은 곳 같다.

주디 홉스 이곳은 병원이었던 것 같은데.

그들은 문을 본다. 닉은 천천히 조심스럽게 문으로 다가가 그것을 열려고 하는데 갑자기 뒤로 물러나 주디를 앞세운다.

닉 (주디에게 몸을 돌리더니) 있잖아, 너 먼저 들어가, 네가 경찰이잖아.

실내. 클리프사이드 수용소 — 의료실

주디가 조심스럽게 문을 밀자, 현대식 의료 장비를 갖춘 공간이 보인다. 닉이 주디의 바로 뒤에 다가선다.

---

drain pipe 배수(하수)관 creepy 으스스한 cavernous 동굴 같은 equipment 장비 combination 조합, 합쳐진 turn of the century 세기가 바뀌는 cautiously 조심스럽게

NICK
: Okay. All clear.

Hopps rolls her eyes and cautiously enters and looks around.

JUDY HOPPS
: All this equipment is brand new...

NICK
: (O.S.) Carrots...?

Nick points to the ground, which is scuffed with CLAW MARKS.

JUDY HOPPS
: Claw marks.

NICK
: Yeah, huge huge claw marks. But, what kind of anima–

RAAGH! A tiger pounces against the glass, startling Nick. Judy and Nick walk through the passage way seeing other predator mammals in cells, all in a savage state. And find Manchas in the cell, growling.

JUDY HOPPS
: Mr. Manchas.

Judy and Nick walk up to another cell and see Otterton inside. His glasses are broken and Otterton runs under the bed snarling.

| 닉 | 잘했어, 이상 무. |

주디가 눈알을 굴리며 조심스럽게 들어가서는 사방을 둘러본다.

| 주디 홉스 | 이 장비들은 아주 새 건데… |

| 닉 | (화면 밖 목소리) 홍당무…? |

닉이 바닥을 가리킨다. 바닥에는 발톱으로 할퀸 자국이 가득하다.

| 주디 홉스 | 발톱으로 할퀸 자국이야. |

| 닉 | 맞아, 엄청나게 큰 동물의 발톱 자국이야. 그런데 도대체 어떤 동물의… |

어흥! 호랑이가 창을 향해 달려들어 닉을 놀래킨다. 주디와 닉은 긴 통로를 통해 야수 상태로 변한 표유류들이 우리에 갇힌 것을 본다. 그리고 만차스도 우리에 갇혀 그르렁대는 것을 발견한다.

| 주디 홉스 | 만차스 씨야. |

그들은 또다른 우리에 다가서는데 오터톤 씨가 그 안에 있다. 그의 안경은 깨졌고 오터톤 씨는 침대 아래로 달려가 크르렁댄다.

---

be scuffed with ~으로 긁히다 claw mark 손톱이나 발톱으로 긁은 자국 pounce 덮치다 cell 감방, 칸 state 상태 snarl 으르렁거리다

JUDY HOPPS   It's him. We found our otter. (to the otter, gently) Mr. Otterton, my name is Officer Judy Hopps. Your wife sent me to find you. We're gonna get you out of here now.

Otterton screeches at her and lunges toward the bars.

NICK   Or not. Guess he's in no rush to get home to the Missus.

Hopps looks back down the corridor of cells, counting.

JUDY HOPPS   ...11, 12, 13, 14. Not including Manchas it's 14. (lightbulb) Chief Bogo handed out 14 Missing Mammal files... They're all here. All the missing mammals are right here.

They hear a mechanical door opening. As the door opens, Judy and Nick run and hide in an empty cell. Then, they hear a familiar voice.

| 주디 홉스 | 저 친구야. 수달을 찾았어. (수달에게 부드러운 목소리로) 오터톤 씨, 나는 주디 홉스 경관이에요. 부인이 당신을 찾아달라고 해서 여기에 오게 됐어요. 여기서 꺼내 줄게요. |

수달은 크르렁 소리를 지르더니 쇠창살로 달려든다.

| 닉 | 못 꺼내겠네. 아직은 집으로 가서 부인 품으로 달려들고 싶지 않은 것 같은데. |

주디는 우리가 놓인 통로를 보며 수를 센다.

| 주디 홉스 | 11, 12, 13, 14. 만차스 씨는 빼고, 열넷이야. (순간 머리에 전등이 켜지듯이 무언가가 떠오른다) 보고 서장은 실종된 포유류 열넷 건을 할당했어. 모두 여기 있네. 실종된 포유류들은 모두 바로 여기에 있는 거라고. |

그들은 문의 기계 버튼 소리를 듣는다. 곧 문이 열리고 주디와 닉은 빈 우리에 숨는다. 그때 우리에게 들리는 익숙한 목소리.

screech 날카로운 소리를 내다 lunge toward ~로 달려들다 missus ~의 부인 corridor 복도

MAYOR LIONHEART	(O.S.) Enough! I don't want excuses, Doctor, I want answers.[66]

It's LEODORE LIONHEART. He looks serious, intense, tired. Hopps can't believe it. She whips out her phone, starts recording. A BADGER DOCTOR talks to Leodore.

BADGER DOCTOR	Mayor Lionheart, please, we're doing everything we can.
MAYOR LIONHEART	Really? Cuz I got a dozen and a half animals here who've gone off the rails crazy– and you can't tell me why. I'd call that awfully far from doing everything.
BADGER DOCTOR	Sir, it may be time to consider their biology.[67]
MAYOR LIONHEART	What? What do you mean "biology?"
BADGER DOCTOR	The only animals going savage are predators. We cannot keep it a secret. We need to come forward.[68]
MAYOR LIONHEART	Hmm, Great idea. Tell the public. And how do you think they're gonna feel about their mayor (screams) who is a lion? I'll be ruined!
BADGER DOCTOR	Well, what does Chief Bogo say?

라이언하트 시장	(화면 밖 목소리) 그만! 변명은 집어치우고, 의사 선생! 난 해결책을 원한다고.
	그는 바로 라이언하트 시장이다. 시장은 심각한 표정에 긴장하고 피로한 기색이다. 주디는 믿을 수가 없다. 폰을 꺼내 녹화하기 시작한다. 오소리 의사가 시장에게 말한다.
오소리 의사	시장님, 우리는 최선을 다하고 있어요.
라이언하트 시장	정말? 미친 동물들 열댓 마리를 잡아서 여기로 데려왔는데, 당신네들은 그 이유가 뭔지 말을 못하잖소. 그래서 난 최선을 다하고 있다고는 믿을 수가 없단 말이오.
오소리 의사	시장님, 이 동물들의 본성에 대해서 생각해 봐야 할 시점인 것 같습니다.
라이언하트 시장	뭐라고? '본성'이라니?
오소리 의사	야수로 변하는 동물은 포식자뿐이에요. 그걸 비밀로 할 순 없어요. 공개해야 합니다.
라이언하트 시장	흠, 좋은 생각이군. 시민들에게 말해 보라고. 자신들의 시장이 사자인 걸 (소리지르며) 어떻게 생각하겠냐고! 난 끝장이라고!
오소리 의사	저, 보고 서장은 뭐라고 하나요?

Enough! 그만해! intense 긴장하고 있는 whips out 휙 꺼내다 badger 오소리 go off the rails crazy 미치다 biology 생물학. 본성 come forward 나서다 public 대중 ruin 망치다

MAYOR LIONHEART Chief Bogo doesn't know. And we are going to keep it that way.

Cell phone ringing - Hopps' parents call in. The noise grabs the attention of Leodore. He looks up.

JUDY HOPPS Oh, no, no, no!

MAYOR LIONHEART Someone's here!

BADGER DOCTOR Sir, you need to go now. (calls out) Security sweep the area!

AN ALARM SOUNDS. The door of the cell Judy and Nick are in closes. They try to open the door.

NICK Great! We're dead. We're dead. That's it. I'm dead. You're dead. Everybody's dead.

This gives Hopps an idea. She looks at the HUGE TOILET.

JUDY HOPPS Can you swim?

NICK What? Can I swim? Yes I can swim. Why?

라이언하트 시장	보고 서장은 몰라. 계속 모르게 해야 해.

휴대폰이 울린다 – 주디의 부모다. 시장의 귀에 그 소리가 들린다. 그가 고개를 든다.

주디 홉스	오, 안 돼, 안 돼, 안 돼!
라이언하트 시장	누가 여기 있어!
오소리 의사	시장님, 나가셔야 합니다. (소리친다) 보안팀, 샅샅이 뒤져!

비상벨이 울린다. 주디와 닉이 있던 우리의 문이 닫힌다. 그들은 문을 열려고 애쓴다.

닉	아! 우리 이제 죽었어. 죽었다고. 맞아, 나도 죽고, 너도 죽고, 다 죽는 거야.

이 말에 주디는 생각이 떠오른다. 주디는 엄청나게 큰 변기를 본다.

주디 홉스	너, 수영할 줄 아니?
닉	뭐라고? 수영할 줄 아냐고? 그럼, 할 줄 알지. 왜 그래?

call in 전화가 걸려오다 grab the attention 주목을 끌다 sweep 샅샅이 뒤지다 alarm 경보 toilet 변기

Wolves enter the room carrying taser guns, but one notices the toilet post-flush. We find them flying through the water slide like tubes of the sewer system, cascading over a waterfall. Both scream.

SEQUENCE 395.0 — "WE CRACKED THE CASE"

EXT. CLIFFSIDE ASYLUM

Hopps and Nick land in the river below. Nick pop up first. He looks desperately for Judy.

NICK   Carrots!? Hopps! Judy!

She emerges, gasping for breath, holding up the bagged phone.

늑대들이 테이저 건을 들고 들어오는데 변기 물 내려가는 것은 알아차리지 못한다. 둘은 워터 슬라이드 같은 하수관을 타고 날 듯이 폭포로 떨어진다. 둘 다 비명을 지른다.

장면 395.0 — "우리가 사건을 해결했어요"

실외. 클리프사이드 수용소

주디와 닉은 아래에 있는 강으로 떨어진다. 닉이 물 위로 떠오르더니 필사적으로 주디를 찾는다.

닉　　홍당무!? 홉스! 주디!

주디가 비닐에 싼 폰을 들고 숨을 헐떡이며 물에서 나온다.

---

sewer system 하수구　cascade 폭포처럼 흐르다　pop up 물 위로 떠오르다　desperately 필사적으로　gasp for breath 숨을 쉬려고 헐떡이다　bagged phone 비닐봉지에 싼 폰

JUDY HOPPS We gotta tell Bogo!

INT. BOGO'S OFFICE — DAY

CLOSE ON BOGO'S PHONE: Gazelle and Bogo dance on stage. It's the same app Clawhauser used earlier.

GAZELLE (on phone) Wow. You are one hot dancer... (robo-voice) ...CHIEF BOGO.

Suddenly, Clawhauser bursts into Bogo's office.

CLAWHAUSER Chief Bogo!

CHIEF BOGO Not now!

CLAWHAUSER Wait, is that Gazelle?

CHIEF BOGO No.

GAZELLE (on phone) I am Gazelle and you are one hot dancer.

CLAWHAUSER You have the app too? Oh, Chief...

CHIEF BOGO Clawhauser, can't you see I'm working on the missing mammal cases.

주디 홉스	보고 서장님께 말해야 해!

실내. 보고의 사무실 — 낮

가젤과 보고가 무대에서 춤추는 모습이 보이는 보고의 폰이 클로즈업된다. 전에 클로하우저가 사용했던 것과 같은 앱이다.

가젤	(폰에서) 와, 정말 춤을 잘 추시는군요… (기계음으로) 보고 서장님.

갑자기 클로하우저가 보고의 사무실로 뛰어 들어온다.

클로하우저	보고 서장님!
보고 서장	지금 안 돼!
클로하우저	잠깐, 그거 가젤이에요?
보고 서장	아냐.
가젤	(폰에서) 난 가젤이에요, 정말 춤을 잘 추시는군요.
클로하우저	서장님도 그 앱을 까셨어요? 오, 서장님…
보고 서장	클로하우저, 실종된 포유류 건을 해결하려고 하는 게 안 보이나?

burst into 안으로 확 뛰어들어오다 **case** 사건

CLAWHAUSER Oh, oh oh! Yes of course! About that, sir, Officer Hopps just called... She found all of them.

GAZELLE (on phone) Wow, I'm impressed.

Bogo's eyes widen.

EXT. ASYLUM — NIGHT

The sound of SIRENS. Cop cars and helicopters surround the asylum. Hopps, flanked by Bogo and other COPS, leads Lionheart out of the building.

JUDY HOPPS Mayor Lionheart, you have the right to remain silent.[69] Anything...

MAYOR LIONHEART You don't understand! I was trying to protect the city.

JUDY HOPPS You were just trying to protect your job.

MAYOR LIONHEART No. Listen, we still don't know why this is happening. It could destroy Zootopia.

JUDY HOPPS You have the right to remain silent. Anything you say can and will be used against you in a court of law.

Nick looks on, proudly displaying his Junior Detective badge.

| 클로하우져 | 오 오 오! 네 물론이죠! 그 건에 대한 건데요, 서장님, 홉스가 막 전화왔는데… 모두 찾았대요. |

| 가젤 | (폰에서) 와, 끝내주네요. |

보고의 눈이 커진다.

실외. 수용소 - 밤
사이렌 소리. 경찰차와 헬리콥터들이 수용소를 에워싼다. 보고를 비롯한 경찰들을 대동한 주디가 라이언하트 시장을 건물에서 연행하고 있다.

| 주디 홉스 | 라이언하트 시장, 당신은 묵비권을 행사할 권리가 있고. 말하는 모든 것… |

| 라이언하트 시장 | 자네가 오해한 거야. 난 이 도시를 지키려고 했다고. |

| 주디 홉스 | 시장 자리를 지키려고 했겠죠. |

| 라이언하트 시장 | 아니야. 들어봐, 우린 이게 왜 일어난지 아직 모른다고. 이건 주토피아를 위험하게 할 수 있어. |

| 주디 홉스 | 당신은 묵비권을 행사할 권리가 있고. 당신이 하는 말은 법정에서 당신에게 불리하게 사용될 수 있습니다. |

닉은 자신의 보조 형사 배지를 자랑스럽게 드러내 보이며 지켜보고 있다.

---

flanked by ~를 대동한 right to remain silent 묵비권을 행사할 권리 destroy 파괴하다 court of law 재판소 display 내보이다

CHAPTER 17

Judy's Press Conference

INT. ZPD — LOBBY

Bogo addresses the press.

CHIEF BOGO   Ladies and Gentlemammals... 14 mammals went missing and all 14 have been found by our newest recruit, who will speak to you in a moment.

Nick and Hopps watch from the side. Hopps bites her nails, nervous.

17. mp3

실내. 주토피아 경찰서 — 로비
보고가 기자단에게 말하고 있다.

보고 서장 신사숙녀 여러분… 포유류 열네 마리가 실종됐는데, 이들 모두 우리 신입 경찰이 발견했습니다. 잠시 후 여러분에게 발표하겠습니다.

닉과 주디가 옆에서 지켜보고 있다. 주디는 불안해서 손톱을 물어뜯고 있다.

address the press 기자단에게 말하다 recruit 신입 in a moment 잠시 후에 bite one's nails 초조해서 '손톱을 물어뜯다'
nervous 긴장하다

JUDY HOPPS   Rrrgh. I am so nervous…

NICK   OK, press conference 101:[70] you wanna look smart, answer their questions with your own question. And then answer that question. Okay like this, "Scuse me, Officer Hopps, what can you tell us about the case?" "Well was this a tough case? Yes. Yes it was." You see.

JUDY HOPPS   You should be up there with me. We did this together.

NICK   Well, am I a cop? No. No, I'm not.

JUDY HOPPS   Funny you should say that… because I've been thinking. It would be nice to have a partner.

She hands Nick an APPLICATION. Then she holds out the carrot pen to him.

JUDY HOPPS   Here. In case you need something to write with.[71]

Bellwether gestures to Judy to come up.

BELLWETHER   Officer Hopps, it's time.

Judy looks at Nick, crossing her fingers and walks up to the podium.

주디 홉스	으으. 너무 떨리네…
닉	좋아, 기자회견할 때 기본적으로 지켜야 되는 걸 알려 주지. 먼저 똑똑하게 보여야 돼. 그리고 기자들의 질문에 대해서는 되물어야 해. 그리고는 네가 그것을 답하는 거야. 이렇게 말야. "저, 홉스 경관님, 이 사건에 대해 말해 주시겠어요?" "음, 이번 사건이 아주 힘들었냐고요? 네, 네, 아주 힘들었습니다." 이렇게 말야.
주디 홉스	네가 나랑 저 위에 같이 갔으면 좋겠는데. 우린 이 사건을 함께 해결했잖아.
닉	내가 경찰이야? 아니지, 아니고말고, 난 경찰이 아냐.
주디 홉스	네가 그렇게 말하니까 좀 웃긴데… 왜냐하면 나도 그 생각을 하고 있었거든. 파트너가 있으면 참 좋겠다고.

주디는 닉에게 지원서를 한 장 준다. 그러고는 닉에게 홍당무 펜을 내민다.

주디 홉스	자, 받아. 쓸 게 필요하면 사용하라고.

벨웨더가 주디에게 오라고 손짓한다.

벨웨더	홉스 경관, 시간 됐어.

주디가 닉을 향해 손가락 행운을 보이고 연단으로 간다.

---

101 기초, 입문의 tough case 해결하기 '힘든 사건' hand 건네주다 application 지원서 cross one's fingers (손가락을 꼬아) 행운을 비는 podium 연단

CHIEF BOGO (O.S.) They appear to be in good health, physically, if not emotionally.

CHIEF BOGO So now, I'll turn things over to the officer who cracked the case, Officer Judy Hopps.

As Hopps steps up to the dais. The reporters ask all at once.

REPORTERS Officer Hopps! Over here!

JUDY HOPPS (pointing to a REPORTER) Yes?

BEAVER REPORTER What can you tell us about the animals that went savage?

JUDY HOPPS Well, the animals in question... (glances at Nick) Are they all different species? Yes. Yes, they are.

Nick smiles, gives a thumbs-up.

FEMMALE REPORTER (O.S.) Okay. What's the connection?

JUDY HOPPS All we know is that they're all members of the predator family.

DOUG So predators are the only ones going savage?

보고 서장	(화면 밖 목소리) 그들 모두 신체적는 건강한 상태이나 정신적으로는 문제가 있습니다.
보고 서장	이제 이 사건을 해결한 경관에게 마이크를 넘기겠습니다. 주디 홉스 경관.

주디가 연단으로 오른다. 기자들이 모두 동시에 질문한다.

기자들	홉스 경관님! 여기요!
주디 홉스	(한 기자를 가리키며) 네?
비버 기자	야수로 변한 동물들에 대해 말씀해 주시겠어요?
주디 홉스	어, 문제의 동물들은… (닉을 흘끗 보며) 모두 종이 다르냐고요? 그렇습니다. 모두 다릅니다.

닉이 미소를 지으며 엄지를 들어올린다.

여 기자	(화면 밖 목소리) 네. 그럼 무슨 관계가 있죠?
주디 홉스	우리가 알고 있는 것이라곤 그 동물들이 모두 맹수에 속한다는 사실뿐이죠.
더그	그러니까 야수로 변한 것은 맹수뿐이라는 건가요?

---

physically 신체적으로 emotionally 감정적으로 crack the case 사건을 해결하다 species 종 give a thumbs-up 잘했다고 '엄지를 치켜올리다'

JUDY HOPPS   That is accurate.[72] Yes.

PIG REPORTER   Why? Why is that happening?

JUDY HOPPS   We still don't know–

                More disappointed rumbling.

JUDY HOPPS   (trying to appease) BUT, but but... it may have something to do with biology.

                On Nick – huh?

BEAVER REPORTER What do you mean by that?

JUDY HOPPS   A biological component. You know, something in their DNA...

FEMALE REPORTER In their DNA? Can you elaborate on that, please?

JUDY HOPPS   (more murmurs from press) Yes, what I mean is, thousands of years ago... predators survived through their aggressive hunting instincts. For whatever reason, they seem to be reverting back to their primitive savage ways.

주디 홉스   정확합니다. 네.

돼지 기자   왜 그런 거죠? 왜 그런 일이 일어났죠?

주디 홉스   아직 모릅니다.

더욱 실망스럽다는 소리가 들린다.

주디 홉스   (진정시키려고) 그러나, 그러나 말이죠, 이건 본성과 관련된 것 같습니다.

어? 라고 놀라는 표정의 닉이 보인다.

비버 기자   그게 무슨 뜻이죠?

주디 홉스   생물학적인 요소가 개입되어 있을지 모른다는 의미입니다. 그러니까, 그 동물들의 DNA에 뭔가가…

여 기자   그 동물들의 DNA에요? 좀 더 상세하게 설명해 주시겠어요?

주디 홉스   (기자들의 웅성이는 소리) 그렇습니다, 제 말은, 수천 년 전에 맹수들은 자신들이 가지고 있었던 공격적인 사냥 본능으로 생존했죠. 무슨 이유 때문인지는 모르겠지만, 그 동물들은 자신들의 그 원시적인 야수의 본성으로 돌아간 것처럼 보입니다.

accurate 정확한 disappointed 실망한 rumbling 웅성거림 appease 불만 등을 달래다 have something to do with ~과 관계가 있다 component 요소 elaborate on ~에 대해 상세히 말하다 revert back to 본래의 습성으로 '되돌아가다'

Nick doesn't like what he's hearing. Nick looks at the posters of the muzzled animals and shakes his head, disbelieving.

BEAVER REPORTER   (O.S.) Officer Hopps, could it happen again?!

JUDY HOPPS   It is possible. We must be vigilant. And we at the ZPD are prepared and are here to protect you…

This sends the Press into an absolute frenzy.

REPORTERS   Will more mammals go savage? / What is being done to protect us? / Have you considered a mandatory quarantine on predators?

Bellwether steps in, eager to put an end to the questions.

닉은 주디가 하는 말이 마음에 들지 않는다. 닉은 입마개를 채운 동물들의 포스터를 보면서 믿을 수 없다는 듯이 고개를 흔든다.

비버 기자 (화면 밖 목소리) 홉스 경관, 이런 일이 다시 일어날까요?

주디 홉스 가능합니다. 그러니 경계를 늦추면 안 됩니다. 그리고 우리 주토피아 경찰은 준비되어 있고, 여러분들을 보호하려고 여기에 있는 겁니다.

이 말로 기자회견장은 완전 아수라장이 된다.

기자들 더 많은 동물들이 흉폭해질까요? / 우리를 보호할 수 있는 조치는 어떤 게 시행되고 있나요? / 맹수들의 의무 격리를 고려하고 있나요?

벨웨더가 끼어들어 질문을 끝내려고 애를 쓴다.

---

disbelieve 믿지 않다 vigilant 경계를 늦추지 않는 frenzy 흥분시키다 mandatory 의무적인 quarantine 격리 step in 끼어들다 eager to 간절히 ~하는 put an end to ~을 끝내다

BELLWETHER Okay, thank you, Officer Hopps. Uh, that's all the time that we have. No more questions.

Bellwether ushers Hopps off stage.

JUDY HOPPS Was I okay?

BELLWETHER Oh, you did fine.

Hopps walks to Nick, feeling unsure.

JUDY HOPPS That went so fast. I didn't get a chance to mention you[73] or say anything about how we–

NICK (cutting her off) Oh, I think you said plenty.

JUDY HOPPS What do you mean?

NICK (sarcastic, hard) Clearly, there's a biological component? These predators may be reverting back to their primitive, savage ways. Are you serious?[74]

JUDY HOPPS I just stated the facts of the case. I mean, it's not like a bunny could go savage...

벨웨더	네, 감사합니다, 홉스 경관. 어, 시간 관계상 여기서 마치겠습니다. 질문을 더 이상 받지 않습니다.

벨웨더가 주디를 데리고 연단에서 내려온다.

주디 홉스	저 괜찮았나요?
벨웨더	오, 잘했어요.

주디는 뭔가 반신반의하며 닉에게로 간다.

주디 홉스	시간이 너무 빨리 흘러갔어. 너를 언급할 기회가 없었어. 우리가 어떻게 수사를 했는지 말할 기회도…
닉	(주디의 말을 자르며) 아, 넌 말을 상당히 많이 한 것 같은데.
주디 홉스	무슨 뜻이야?
닉	(빈정대며 차갑게) 분명히 그랬잖아. 생물학적인 요소가 개입됐다고. 이 맹수들은 원시적인 야수의 본성으로 돌아갈 지도 모른다고 말야. 그거 진심이야?
주디 홉스	난 그냥 이 사건에 대해 사실을 말했을 뿐이야. 내 말은 토끼가 야수가 될 수는 없다는 거지…

usher A off B A를 B에서 벗어나게 이끌다 feel unsure 확신하지 못하다 not get a chance to + 동사원형 ~을 할 기회를 갖지 못하다 cut someone off ~의 말을 끊다 sarcastic 냉소적인

NICK	No, but a fox could, huh?
JUDY HOPPS	Nick, stop it. You're not like them.
NICK	There's a them now?
JUDY HOPPS	You know what I mean. You're not that kind of predator.
NICK	(gesturing to posters) The kind that needs to be muzzled? The kind that makes you think you need to carry around Fox Repellent? Yeah, don't think I didn't notice that little item the first time we met.[75] (escalating anger) So let me ask you a question. Are you afraid of me? Do you think I might go nuts? Do you think I might go savage? Do you think I might try to… eat you?

He lunges, like he's going to bite her. She flinches and unthinkingly puts her hand on the repellent.

| 닉 | 그렇지, 여우는 그렇게 될 수도 있다는 거잖아, 어? |

| 주디 홉스 | 닉, 그만해. 너는 그들과 달라. |

| 닉 | 이제 '그들'이라고? |

| 주디 홉스 | 내 말뜻을 알잖아. 너는 그런 맹수 부류가 아니야. |

| 닉 | (포스터를 가리키며) 입마개를 써야하는 맹수들? 네가 여우 꺼져 스프레이를 써야 할 필요가 있다고 생각하는 그런 부류의 맹수들? 우리가 처음 만났을 때 네가 그걸 갖고 있는 걸 내가 못 봤을 것 같니. (점점 화를 내며) 뭐 하나 물어보자. 넌 내가 무섭니? 내가 정신이 돌거나? 내가 흉폭해지거나? 내가 널… 잡아먹을 수도 있다고 생각하니? |

닉은 마치 주디를 물 것 같이 달려든다. 주디는 움찔하며 무의식중에 여우 꺼져 스프레이로 손을 가져간다.

escalate 확대(증가)하다　go nuts 미치다　go savage 야수가 되다　lunge 달려들다　flinch 움찔하다　unthinkingly 무의식 중에

NICK (calm) I knew it. Just when I thought somebody actually believed in me...

He returns the application at her.

NICK Probably best if you don't have a predator as a partner.

As he walks away, he takes off the sticker badge, crumples it and tosses it away.

JUDY HOPPS Nick!

BEAVER REPORTER Officer Hopps! Were you just threatened by a predator?

JUDY HOPPS No. He's my friend.

FEMALE REPORTER We can't even trust our own friends?

JUDY HOPPS That's not what I said... please.

BEAVER REPORTER Are we safe?

FEMALE REPORTER Have any of our foxes gone savage?

But no one will listen. Not anymore.

닉	(침착한 어조로) 그럴 줄 알았어. 누군가 정말로 나를 믿어준다고 생각했는데…

닉이 주디에게 경찰 지원서를 돌려준다.

닉	맹수를 파트너로 삼지 않는 게 너한테 좋을 거야.

닉은 걸어가며 스티커 경찰 배지를 떼어서 구기더니 던져버린다.

주디 홉스	닉!
비버 기자	홉스 경관! 방금 맹수한테 위협을 당했나요?
주디 홉스	아니에요, 그는 내 친구예요.
여 기자	우리는 친구도 믿지 못하나요?
주디 홉스	그런 말을 한 게 아닙니다. 제발…
비버 기자	우리는 안전한가요?
여 기자	여우가 흉폭해지는 경우가 있었나요?

그러나 아무도 귀를 기울이지 않는다. 더 이상 아무도.

crumple 구기다 **toss away** 휙 던져버리다 **threaten** 협박(위협)하다

CHAPTER 18

Giving Up the Badge

SEQUENCE 400.0 — "THE FALL-OUT"

<u>INT. NEWS STUDIO — DAY</u>
An ANCHOR reads the news. A graphic reads TUNDRATOWN TRAGEDY.

FEMALE ANCHOR
More bad news in this city gripped by fear.

News footage shows a caribou being loaded into an ambulance. Another shot shows a POLAR BEAR in a MUZZLE.

FEMALE ANCHOR
A caribou is in critical condition,[76] the victim of a mauling by a savage polar bear. This, the 27th such attack, comes just one week after ZPD Officer Judy Hopps connected the violence to traditionally predatory animals.

18. mp3

장면 400.0 — "후폭풍"

실내. 방송국 뉴스실 — 낮
앵커가 뉴스를 전하고 있다. 그래픽으로 '툰드라 타운의 비극'이라고 쓴 것이 보인다.

여 앵커   공포로 뒤덮인 우리 도시에 또 나쁜 소식입니다.

카리부가 구급차에 실리는 장면이 보인다. 입마개를 씌운 북극곰도 보인다.

여 앵커   카리부가 중태에 빠졌습니다. 야수로 돌변한 북극곰이 문 것입니다. 이것은 주토피아 경찰서의 주디 홉스 경관이 이런 폭력 사태를 전통적으로 맹수에 속하는 동물들과 연관지은 지 일주일 만에 27번째로 발생한 사건입니다.

---

fall-out 방사능 낙진 (여기서는 '후폭풍' 비유적인 의미)   **caribou** 카리부 (북미산 순록)   **be loaded into** ~에 실리다   **critical condition** 위독한 상태   **maul** 물어뜯다   **traditionally** 전통적으로

MALE ANCHOR Meanwhile, a peace rally organized by pop star, Gazelle, was marred by protest.

> The news story cuts to footage of THE PROTEST: Hopps is caught in the middle of the PROTESTERS, trying to separate them.

PIG Go back to the forest, predator!

LEOPARD I'm from the savannah!

> Gazelle gives a sound bite to a NEWS REPORTER.

GAZELLE (interviewed) Zootopia is a unique place– it's a crazy, beautiful, diverse city where we celebrate our differences. (gestures to PROTESTERS in background) This is not the Zootopia I know.[77]

남 앵커 한편 팝스타 가젤이 주최하는 평화를 기원하는 집회는 항의 시위로 얼룩졌습니다.

뉴스는 다음 장면을 보여 준다. 항의 시위 장면이 나온다. 주디는 시위하는 동물들 틈에 끼어서 이들을 떼어놓으려고 한다.

돼지 숲으로 돌아가라, 맹수들아!

표범 난 사바나 출신이야!

가젤이 기자에게 말한다.

가젤 (인터뷰) 주토피아는 세상에 둘도 없는 곳입니다. 이곳은 아주 근사하고, 아름다우며, 다양한 도시로, 우리의 다양성이 축복받는 곳입니다. (배경에 보이는 시위자들을 가리키며) 이것은 내가 아는 주토피아가 아닙니다.

---

peace rally 평화를 기원하는 집회 be marred by ~으로 얼룩지다 give a sound bite to a news reporter 기자가 방송하는 중간에 끼어들어 말하다 unique 특별한 diverse 다양한 celebrate our differences 다른 점을 축복하다, 서로 다른 점을 인정하다

Gazelle's interview plays as VO over a series of shots.

ON A SUBWAY: Hopps watches a MOTHER RABBIT bring her CHILD close as a TIGER gets on the train.

GAZELLE (V.O.) The Zootopia I know is better than this, we don't just blindly assign blame.

GAZELLE (V.O.) We don't know why these attacks keep happening, but it is irresponsible to label all predators as savages.[78]

IN THE HOSPITAL: Mrs. Otterton sees her husband in his savage state, tethered to a pole in the middle of the room, snarling and pacing. Judy approaches her.

MRS. OTTERTON That's not my Emmitt.

On Hopps– a look of exhaustion and distress.

GAZELLE We cannot let fear divide us. Please– give me back the Zootopia I love...

INT. ZPD — DAY

Bogo walks up behind her.

CHIEF BOGO Come on, Hopps. The new Mayor wants to see us.

	가젤 인터뷰 소리가 나는 동안 연속 장면이 보인다. 지하철: 호랑이가 지하철에 타자 엄마 토끼가 아이를 자기 품으로 당기는 것을 주디가 지켜본다.
가젤	(목소리) 내가 아는 주토피아는 이것보다 더 나은 곳입니다. 우리는 맹목적으로 누구를 비난하지 않습니다.
가젤	(목소리) 우리는 왜 이런 공격적인 행동들이 자주 발생하는지 그 이유를 모르지만 모든 맹수를 야수라고 몰아붙이는 것은 무책임한 언행입니다.
	병원: 오터톤 부인은 그의 남편이 야수 상태로 방 가운데 기둥에 묶인 채 크르렁대며 서성대는 모습을 본다. 주디가 오터톤 부인에게 다가간다.
오터톤 부인	저건 우리 남편이 아니에요.
	지치고 낙담한 표정의 주디가 보인다.
가젤	공포 때문에 우리가 갈라져서는 안 됩니다. 부탁합니다. 제가 사랑하는 주토피아를 돌려주세요.

실내. 주토피아 경찰서 — 낮
보고가 주디 뒤로 다가온다.

보고 서장	따라와, 홉스. 새 시장이 우리를 보자고 하셔.

---

blindly 맹목적으로   assign blame 책임을 돌리다   irresponsible 무책임한   label (부당하게) 딱지(꼬리표)를 붙이다   tether 동물을 말뚝에 묶다   exhaustion 기진맥진, 소진   distress 고통, 괴로움

JUDY HOPPS   The Mayor? Why?

CHIEF BOGO   It would seem you've arrived.

> INT. ZPD LOBBY — LATER
> Judy follows Chief Bogo, she sees a sad Clawhauser packing his stuff.

JUDY HOPPS   Clawhauser? What're you doing?

CLAWHAUSER   Um, they thought it would be better if a predator such as myself wasn't the first face you see when you walk into the ZPD.

JUDY HOPPS   What?

CLAWHAUSER   They're gonna move me to Records. It's downstairs. By the boiler.

> Judy's face falls. Bogo keeps walking. Crestfallen, Judy looks at Clawhauser.

주디 홉스	시장님이요? 왜요?
보고 서장	자네가 유명해진 것 같네.

실내. 주토피아 경찰서 로비 – 잠시 후
주디는 보고 서장을 따라가다 슬픈 표정의 클로하우저가 그의 짐을 챙기는 것을 본다.

주디 홉스	클로하우저? 뭘 하는 거예요?
클로하우저	어, 주토피아 경찰서에 들어서자마자 처음 보는 얼굴이 나 같은 맹수면 싫어할 거래.
주디 홉스	뭐라고요?
클로하우저	나를 자료실로 보내는 거야. 지하, 보일러 옆에.

주디의 표정이 어두워진다. 보고는 계속 걸어간다. 풀이 죽은 주디가 클로하우저를 본다.

---

pack one's stuff 짐을 싸다　face falls 낙담하여 시무룩해지다　crestfallen 닭의 벼슬이 떨어진 것처럼 풀이 죽은

CHIEF BOGO Hopps!

SEQUENCE 405.0 — "HOPPS GIVES UP"

CLOSE ON: A PHOTO of a SMILING JUDY. Pull wider to reveal: The photo is on a PAMPHLET that reads: ZPD, Put Your Trust In Us.

INT. BELLWETHER'S OFFICE — DAY
Judy and Bogo look at the pamphlet. Bellwether sits across from them at her desk.

JUDY HOPPS I don't understand.

BELLWETHER Our city is 90% prey, Judy. And right now they're just really scared. You're a hero to them. They trust you. And so that's why Chief Bogo and I, want you to be the public face of the ZPD.

Judy look at the pamphlet again.

JUDY HOPPS (struggling to find words) I'm not... I'm not a hero. I came here to make the world a better place, but I think I broke it.

보고 서장   홉스!

장면 405.0 — "주디, 경찰을 포기하다"

클로즈업: 미소를 띠고 있는 주디의 사진. 점점 멀어지자 이것은 '여러분이 신뢰하는 주토피아 경찰서'란 팸플릿에 인쇄된 사진이라는 것을 알 수 있다.

실내. 벨웨더의 사무실 — 낮
주디와 보고가 그 팸플릿을 보고 있다. 벨웨더는 주디와 보고 서장 맞은편 자기 책상에 앉아 있다.

주디 홉스   이해가 안 돼요.

벨웨더   우리 도시에 사는 동물들이 90퍼센트가 초식동물이야, 주디. 그런데 지금 이들은 엄청난 두려움에 떨고 있어. 주디는 그들의 영웅이야. 주디를 신뢰하고 있다고. 그래서 보고 서장과 나는 네가 주토피아 경찰서의 얼굴이 돼주었으면 하는 거야.

주디가 팸플릿을 다시 본다.

주디 홉스   (적당한 표현을 찾으려고 애를 쓰며) 전… 전 영웅이 아니에요. 저는 이 세상을 좀 더 나은 곳으로 만들고 싶어서 경찰이 됐어요. 하지만 전 이 세상을 분열시켰어요.

---

pamphlet 팸플릿, 유인물   across from ~의 맞은편에   public face 홍보용 인물

CHIEF BOGO Don't give yourself so much credit, Hopps. The world has always been broken. That's why we need good cops– like you.

JUDY HOPPS With all due respect, sir, a good cop is supposed to serve and protect– help the city, not tear it apart.

She removes her badge.

JUDY HOPPS I don't deserve this badge.[79]

CHIEF BOGO Hopps.

BELLWETHER Judy, you've worked so hard to get here. It's what you wanted since you were a kid. You can't quit...

JUDY HOPPS Thank you for the opportunity.

She walks out. Bellwether and Bogo sadly watch her go.

보고 서장	이봐, 자네가 뭐 아주 대단한 일 한 것처럼 굴지 마, 홉스. 이 세상은 늘 분열되어 있었어. 그래서 우리에게는 좋은 경찰이 필요한 거야. 자네 같은.
주디 홉스	서장님 말씀은 잘 알겠는데요, 좋은 경찰은 봉사하고 보호해서 도시에 도움이 돼야죠. 갈라놓는 게 아니라.

주디는 경찰 배지를 뗀다.

주디 홉스	저는 이 배지를 달고 있을 자격이 없어요.
보고 서장	홉스.
벨웨더	주디, 여기 오기까지 정말 열심히 했잖아. 어렸을 때부터 원했던 일이고. 관두면 안 돼.
주디 홉스	기회를 주셔서 감사했어요.

주디가 걸어 나간다. 벨웨더와 보고는 그녀가 떠나는 모습을 슬프게 지켜본다.

credit 공로, 인정 **With all due respect** 상대방에게 이의를 제기할 때 서두로 꺼내는 공손한 표현 ('내가 당신의 말에 이의를 제기하지만 당신을 존경하고 있다') **tear apart** 찢다 **remove** 몸에 부착하고 있던 것을 '떼다' **deserve** ~을 받을 만하다

CHAPTER 19

Night Howlers Aren't Wolves

SEQUENCE 415.0 — "HOPPS' FARM DISCOVERY"

EXT. HOPPS' FARMS VEGETABLE STAND — DAY

Judy works the carrot stand. She bags up some carrots for a RABBIT FAMILY.

JUDY HOPPS A dozen carrots. Have a nice day.

RABBIT Thanks. (to daughter) Come on.

Stu and Bonnie approach her, concerned.

19. mp3

장면 415.0 — "홉스 농장에서의 발견"

실외. 홉스 농장 채소 판매대 — 낮

주디가 홍당무 판매대에서 일한다. 주디는 홍당무를 포장해서 토끼 가족에게 준다.

주디 홉스   홍당무 12개요. 좋은 하루되세요.

토끼   고마워요. (딸에게) 가자.

주디의 부모가 걱정스러운 표정으로 다가온다.

---

vegetable stand 채소를 파는 가판대 bag up 물건을 봉투에 담다 dozen 12개 묶음 concerned 걱정하는

STU HOPPS   Hey there, Jude– Jude the dude, remember that one? How we doin?

JUDY HOPPS   I'm fine.

BONNIE HOPPS   You are not fine. Your ears are droopy.

JUDY HOPPS   (sighs) Why did I think I could make a difference?

STU HOPPS   Because you're a trier. That's why.

BONNIE HOPPS   You've always been a trier.[80]

JUDY HOPPS   Oh I tried, and I made life so much worse for so many innocent predators.

STU HOPPS   Oh, not all of 'em though...

Off-screen, BEEP-BEEP.

STU HOPPS   ...Speak of the devil.[81] Right on time.

A truck pulls up. Its sign reads: GIDEON GREY'S EPICUREAN BAKED DELIGHTS... made with Hopps Family Farms produce.

| 스튜 홉스 | 안녕, 주드, 주드 더 듀드, 이 별명, 생각나니? 어때? |

| 주디 홉스 | 좋아요. |

| 보니 홉스 | 좋은 게 아닌데. 귀가 처졌잖니. |

| 주디 홉스 | (한숨을 쉰다) 왜 내가 뭘 변화시킬 수 있다고 생각한 걸까요? |

| 스튜 홉스 | 넌 뭔가 해보려는 애니까. 그게 이유야. |

| 보니 홉스 | 넌 항상 도전하려고 했지. |

| 주디 홉스 | 아, 전에는 그랬죠. 그래서 순진무구한 맹수들의 삶을 그렇게 엉망으로 만들었어요. |

| 스튜 홉스 | 오, 다 그렇게 된 건 아냐… |

빵빵 경적소리가 들린다.

| 스튜 홉스 | 여우도 제 말하면 온다더니 딱 시간을 맞춰 왔네. |

트럭이 선다. '기디온 그레이 맛있는 빵 – 홉스 가족 농장 농산물로 만듭니다'란 문구가 보인다.

---

droopy (귀 등이) 축 처진 trier 뭔가를 해보려고 하는 사람 innocent 무고한 right on time 딱 제시간에 맞추어서 epicurean 식도락, 미식주의

JUDY HOPPS   Is that... Gideon Grey?

STU HOPPS   Yep. It sure is. We work with him now.

BONNIE HOPPS   He's our partner! And we'd never have considered it had you not opened our minds.

STU HOPPS   That's right. Gid's turned into one of the top pastry chefs in the tri-burrows.

JUDY HOPPS   That's... That's really cool, you guys.

GIDEON GREY, now paunchy, climbs out his truck.

JUDY HOPPS   Gideon Grey. I'll be darned.

GIDEON GREY   Hey Judy– I'd just like to say sorry for the way I behaved in my youth.[82] I had a lotta self-doubt that manifested itself in the form of unchecked rage and aggression. I was a major jerk.

JUDY HOPPS   I know a thing or two about being a jerk...

GIDEON GREY   Anyhow– I brought you all these pies.

주디 홉스   기디온 그레이?

스튜 홉스   응. 그래. 지금은 재랑 손잡고 일해.

보니 홉스   사업 파트너야! 네가 우리 마음을 열게 해 주지 않았다면 이런 일은 상상도 못했어.

스튜 홉스   맞아. 기드는 이 지역 인근 3개 굴에서 최고의 제빵 셰프 중 하나로 변신했지.

주디 홉스   그… 그거 정말 멋지네요.

이제는 배가 불룩 나온 기디온 그레이가 트럭에서 내린다.

주디 홉스   기디온 그레이, 정말 놀랍네.

기디온 그레이   주디, 내가 어렸을 때 정말 철없이 굴어서 미안했어. 그땐 말이지, 나 자신에 대한 의구심이 들어서 그게 걷잡을 수 없는 분노나 공격성으로 나타났던 거야. 정말 찌질했어.

주디 홉스   찌질한 건 나도 좀 알아.

기디온 그레이   아무튼… 파이 가져왔어요.

---

pastry 페이스트리 (제과제빵)　paunchy 배가 불뚝 나온　I'll be darned 와, 정말 놀랍다　self-doubt 자신에 대한 의구심　manifest 나타나다　unchecked 걷잡을 수 없는　aggression 공격　jerk 쪼다

He holds out some pies. KID BUNNIES come tearing across the field, bee-lining for the pies. Stu shouts at the kids.

STU HOPPS   Hey kids! Don't run through the midnicampum holicithias!

GIDEON GREY   Now there's a 4-dollar word, Mr. H. My family always just called them Night Howlers.

JUDY HOPPS   I'm sorr- what did you say?

Stu gestures to the flowers growing on the edge of the crops.

STU HOPPS   Oh, Gid's talking about those flowers, Judy. I use 'em to keep bugs off the produce. But I don't like the little ones going near 'em on account of what happened to your Uncle Terry.

기디온 그레이가 파이를 내민다. 꼬마 토끼들이 파이를 보자 밭을 가로질러 뛰어온다. 아빠가 꼬마들에게 소리친다.

스튜 홉스　　애들아! 돌아뿌리 버럭시아스 심어 놓은 데를 그렇게 뛰어다니면 안 돼!

기디온 그레이　홉스 씨, 저거 이름이 거창해서 우리 집에선 그냥 '밤의 울음꾼'이라고 불러요.

주디 홉스　　저-저기… 방금 뭐랬지?

아빠가 작물을 심어놓은 가장자리에서 자라는 꽃을 가리킨다.

스튜 홉스　　아, 기디온은 저 꽃을 말하는 거야, 주디. 농작물에 벌레 끼는 것을 막으려고 내가 심은 거야. 그런데 꼬마들이 그 근처에 가는 게 꺼려져서 말야. 네 삼촌 테리가 저것 때문에 일을 당했잖아.

tear across 밭 등에서 마구 뛰어다니다　bee-line 일직선으로 곧장 뛰다　4-dollar word 거창한 표현　keep ~ off ~이 가까이 오지 못하게 하다　produce 농산물　on account of ~때문에

BONNIE HOPPS Yea, Terry ate one whole when we were kids and went completely nuts.

STU HOPPS He bit the dickens out of your mother.

JUDY HOPPS (a dawning realization) A bunny can go savage...

BONNIE HOPPS Savage, well that's a strong word.[83] But it did hurt like the devil.

STU HOPPS Well sure it did. There's a sizable divot in your arm. I'd call that savage.

JUDY HOPPS (as if doing an equation) Night Howlers aren't wolves. They're flowers. The flowers are making the predators go savage. That's it! That's what I've been missing!

Hopps races away, then turns back.

JUDY HOPPS Oh! Keys! Keys! Keys! Keys! Hurry! Come on! Thank you, I love you, bye!

Stu tosses her the keys to his pick-up. Judy jumps into the truck, peels out, leaving Stu and Bonnie in the dust.

보니 홉스 그래, 어렸을 때 테리가 그걸 통째로 먹더니 완전히 미쳤었잖아.

스튜 홉스 네 엄마를 꽉 물었어.

주디 홉스 (깨닫기 시작한다) 토끼도 야수로 변할 수 있단 말이지…

보니 홉스 '야수'까진 좀 심하지만, 그때는 엄청 아팠어.

스튜 홉스 정말 그랬지. 당신 팔에 골프채로 뜯긴 잔디 자국처럼 큰 상처가 생겼지. '야수'란 말이 과장은 아냐.

주디 홉스 (마치 방정식을 풀 듯) 밤의 울음꾼은 늑대가 아니라 꽃이야. 그 꽃이 맹수들을 '야수'로 돌변시키고 있는 거야. 그거야! 내가 놓치고 있었던 게 바로 그거라고!

주디는 급히 달려가다 뒤돌아본다.

주디 홉스 아! 열쇠! 열쇠! 열쇠요! 열쇠! 빨리요! 어서! 고마워요, 사랑해요, 바이!

아빠가 주디에게 자신의 픽업 트럭 열쇠를 던진다. 주디는 트럭에 올라타고 먼지를 일으키며 엄마 아빠를 뒤로 한 채 쌩 하고 떠난다.

---

bite the dickens out of ~를 꽉 물다 (dickens는 devil의 완곡어) dawn 분명해지다 sizable 꽤 큰 크기의 divot 골프채에 뜯긴 잔디 조각 do an equation 방정식을 풀다 race away 급히 달려가다 pick-up 픽업 트럭 peel out 쌩 떠나다

STU HOPPS   You catch any of that, Bon?

BONNIE HOPPS Not one bit.

GIDEON GREY That makes me feel a little better. I thought she was talking in tongues or something.

SEQUENCE 440.0 — "HOPPS' APOLOGY"

EXT. ZOOTOPIA — SAHARA SQUARE — STREET

Hopps drives up in the farm truck to Finnick's van.

FINNICK   Who is it!?

JUDY HOPPS   I need to find Nick. Please.

EXT. BRIDGE — LATER

At a bridge, Hopps looks around.

JUDY HOPPS   Nick? Nick!

There's Nick, sitting on a lawn chair under the bridge.

스튜 홉스	무슨 말인지 알아들었어, 여보?

보니 홉스	아니, 전혀.

기디온 그레이	그 말을 들으니 좀 안심이 되네요. 전 주디가 무슨 방언 같은 걸 하는 줄 알았어요.

장면 440.0 — "주디 사죄하다"

실외. 주토피아 — 사하라 광장 — 거리
주디가 모는 농장 트럭이 핀닉의 밴 근처에 선다.

핀닉	누구야!?

주디 홉스	닉을 찾아야 해, 부탁이야.

실외. 다리 — 잠시 후
주디가 다리에서 가서 살펴본다.

주디 홉스	닉? 닉!

닉이 다리 아래에 야외용 의자를 펼쳐 놓고 앉아 있다.

catch 이해하다 talk in tongues 방언을 하다, 이상한 소리를 지껄이다 apology 사죄

JUDY HOPPS   Oh, Nick. (walks up to him) Night Howlers aren't wolves. They're toxic flowers. I think someone is targeting predators on purpose and making them go savage.

NICK   Wow. Isn't that interesting.

He gets up, walks under the bridge. She follows.

JUDY HOPPS   Wait… listen. I know you'll never forgive me. And I don't blame you.[84] I wouldn't forgive me either. I was ignorant and irresponsible and small-minded…. But predators shouldn't suffer because of my mistakes. I have to fix this, but I can't do it without you.

He sighs, but still won't look at her.

주디 홉스	오, 닉. (그에게 내려가며) 밤의 울음꾼은 늑대가 아니라 독성이 있는 꽃이야. 누군가가 일부러 맹수들에게 그 독극물을 주입시켜서 야수로 만들고 있는 거야.
닉	와, 정말 흥미로운 이야기군.

닉이 일어나더니 다리 아래를 걸어간다. 주디가 뒤를 따른다.

주디 홉스	잠깐, 내 말 좀 들어봐. 네가 날 용서하지 않을 거란 건 나도 알아. 다 내 잘못이지. 나도 용서가 안 되니까. 난 너무 몰랐고, 무책임했고, 옹졸했어. 하지만 맹수들이 내 잘못 때문에 고통을 당하면 안 되잖아. 난 이 상황을 바로잡아야 해. 하지만 네가 없으면 할 수 없어.

닉이 한숨을 쉬지만 아직 주디를 쳐다보지는 않는다.

toxic 독성이 있는 on purpose 고의로 blame 탓하다 ignorant 무지한 irresponsible 무책임한 small-minded 옹졸한

JUDY HOPPS (getting emotional) And after we're done, you can hate me, and that'll be fine, because I was a horrible friend and I hurt you... and you can walk away knowing you were right all along, I really am just a dumb bunny.

It seems she lost him, then:

JUDY HOPPS (O.S. on recorder) I really am just a dumb bunny. I really am just a dumb bunny.

Hopps cocks her head. Huh? Nick turns to her... holding her recording pen.

NICK Don't worry, Carrots, I'll let you erase it in 48 hours.

She cries tears of joy, sniffs, wiping away.

NICK Alright, get in here.

Judy walks up to Nick and puts her head on Nick's chest and they hug as she weeps more.

| 주디 홉스 | (감정이 복받쳐) 이 일을 끝나면 나를 미워해도 돼. 그건 괜찮아. 나는 형편없는 친구고 네게 상처를 줬으니까… 이것만 알고 떠나도 돼, 넌 항상 옳았어. 난 그냥 멍청한 토끼야.

닉과 다시는 같이 하지 못할 것 같다. 그러자…

| 주디 홉스 | (화면 밖, 녹음 소리) 난 그냥 멍청한 토끼야. 난 그냥 멍청한 토끼야.

주디가 고개를 갸웃거린다. 어라? 닉이 녹음기 펜을 들고 주디를 향해 몸을 돌린다.

| 닉 | 걱정하지 마, 홍당무. 이걸 지우게 해주지, 48시간 후에.

그녀는 안도의 눈물을 흘리고 훌쩍이며 눈물을 닦아낸다.

| 닉 | 알았으니까, 이리 와.

주디가 닉에게 다가가 그의 가슴에 머리를 묻는다. 그들이 안자 그녀는 더 훌쩍인다.

---

get emotional 감정이 북받치다 cock one's head 고개를 갸우뚱하다 erase 지우다

NICK   Okay. Oh, you bunnies, you're so emotional. There we go, deep breath. (then) Are you just trying to steal the pen?[85] Is that what this is? (then) You are standing on my tail though. Off off off.

JUDY HOPPS   I'm sorry.

INT. HOPPS' FAMILY TRUCK — MOMENTS LATER

They get inside. Nick starts eating blueberries.

NICK   Oo! I thought you guys only grew carrots! (then, eats) What's the plan?

JUDY HOPPS   We're gonna follow the Night Howlers.

NICK   Okay. How?

JUDY HOPPS   (shows picture of weasel) Know this guy?

NICK   I told you, I know everybody.

닉	자, 오. 너희 토끼들은 너무 감정적이야. 자, 이렇게 해, 심호흡해 봐. (그리고) 이 펜을 훔치려고? 그래서 이러는 거야? (그리고) 그런데 말야, 너 내 꼬리를 밟고 있어. 비켜, 비켜, 비키라고.
주디 홉스	미안해.

실내. 주디네 가족 트럭 — 잠시 후
둘은 트럭에 있다. 닉이 블루베리를 먹기 시작한다.

닉	와! 너희 토끼들은 홍당무만 기르는 줄 알았는데! (그러더니 먹는다) 계획이 뭐야?
주디 홉스	밤의 울음꾼을 추적할 거야.
닉	좋아. 어떻게?
주디 홉스	(족제비 사진을 보여 주며) 얘 알지?
닉	내가 그랬잖아, 난 모두 안다고.

deep breath 깊은 호흡 steal 훔치다 stand on ~을 밟고 서다 get inside 안에 들어가다

CHAPTER 20

Pellets of Night Howler Toxin

SEQUENCE 420.0 — "MAKE THE WEASEL TALK"

EXT. ZOOTOPIA STREET — LATER
We find the weasel selling crappy knock-off merchandise on a street corner. We see misspelled mugs. We see blatant knock-off movies like "Wreck-it Rhino," "Wrangled," and "Pig Hero 6."

DUKE WEASELTON
Hello. Step right up. Anything you need... I got it. All your favorite movies! I got movies that haven't even been released yet! Hey 15% off! 20! Make me an offer! Come on!

NICK
Well, well, look who it is. The Duke of Bootleg.

DUKE WEASELTON
What's it to you Wilde, shouldn't you be melting down a popsicle or something? (sees Hopps) Hey, if it isn't Flopsy the Copsy.[86]

20. mp3

장면 420.0 — "족제비 입 열기"

실외. 주토피아 거리 — 잠시 후

길모퉁이에서 후진 짝퉁 물건을 파는 족제비가 보인다. 엉터리로 철자를 쓴 머그잔이 보인다. 짝퉁이라는 게 뻔한 '주먹왕 라이노,' '다푼젤,' '피그 히어로 6' 영화도 보인다.

듀크 위즐턴 안녕하세요. 어서 와서 보세요. 필요한 건 다 있어요. 즐겨 보는 영화도 다 있답니다! 아직 개봉하지 않은 영화도 있어요! 15프로 깎아 줄게요! 20! 가격을 부르세요! 어서!

닉 이런, 이런, 이게 누구신가? 짝퉁 공작이구만.

듀크 위즐턴 너하고 무슨 상관이야, 와일드, 하드가 다 녹아 버리기라도 했나? (주디를 본다) 아이고, 이건 또 누구신가, 토깽이 경찰 나으리 아니신가?

---

crappy 후진 knock-off merchandise 짝퉁 상품 blatant knock-off movie 짝퉁이라는 게 너무나 뻔한 영화 release 개봉(출시)하다 offer 제안하다

JUDY HOPPS We both know those weren't moldy onions I caught you stealing. What were you going to do with those Night Howlers, Wezzleton?

DUKE WEASELTON It's Weaselton! Duke Weaselton. I ain't talking, rabbit. And ain't nothing you can do to make me.

Weaselton flicks a toothpick in her face. She and Nick look at each other.

INT. MR. BIG'S PLACE — A LITTLE LATER
We find polar bears holding the weasel over the ice pit.

MR. BIG Ice 'em.

DUKE WEASELTON Aaagh! Agh! Ya dirty rat! Why ya helping her, she's a cop!

Mr. Big motions for his polar bears to wait.

| 주디 홉스 | 네가 훔친 게 곰팡이 핀 양파가 아니라는 것은 으리 둘 다 알고 있어. 그 밤의 울음꾼을 어떻게 하려고 했지, 웨즐턴? |

| 듀크 위즐턴 | 위즐턴이라고! 듀크 위즐턴이란 말야. 말 안 할 거야, 토깽아. 네가 무슨 수작을 부려도 내 입을 열 수 없어. |

위즐턴이 주디의 얼굴에 이쑤시개를 튕긴다. 주디와 닉은 서로 바라본다.

실내. 미스터 빅의 집 — 잠시 후
북극곰들이 족제비를 잡아 얼음 구덩이 위에 들고 있다.

| 미스터 빅 | 담가. |

| 듀크 위즐턴 | 아악! 이 더러운 쥐새끼! 왜 쟤를 돕고 있는 거야, 쟤는 경찰이라고! |

미스터 빅이 북극곰들에게 기다리라는 신호를 보낸다.

---

moldy 곰팡이가 핀 flick 휙 튀기다 toothpick 이쑤시개 ice pit 얼음 구덩이

MR. BIG — And the godmother to my future granddaughter.

Reveal FRU FRU is pregnant.

FRU FRU — I'm going to name her Judy.[87]

JUDY HOPPS — Aw.

MR. BIG — (to polar bears) Ice this weasel.

DUKE WEASELTON — Wait! Stop! Alright, I'll talk! I'll talk! I stole 'em Night Howlers so I could sell 'em. They offered me what I couldn't refuse. Money.

JUDY HOPPS — And to whom did you sell them?

DUKE WEASELTON — A ram named Doug. We got a drop spot underground. Just watch it, Doug is the opposite of friendly. He's unfriendly.

SEQUENCE 430.0 — "THE LAB IS DISCOVERED"

EXT. SUBWAY STATION — A LITTLE LATER
Nick and Hopps sneak into an abandoned subway station.

미스터 빅	앞으로 태어날 내 손녀딸의 대모이기도 하지.
	임신한 프루 프루의 모습이 보인다.
프루 프루	내 딸 이름은 주디라고 지을 거야.
주디 홉스	오.오.
미스터 빅	(북극곰들에게) 이 족제비를 담가.
듀크 위즐턴	잠깐! 멈춰! 알았어, 말할게! 말한다고! 밤의 울음꾼은 팔려고 훔쳤어. 그들은 내가 거절할 수 없는 것을 제시했다고. 돈 말이야.
주디 홉스	누구한테 팔았지?
듀크 위즐턴	더그라는 숫양한테 팔았어. 우린 지하에 접선 장소가 있어. 하지만 조심해, 더그는 순한 것과는 거리가 머니까. 그는 무섭다고.

장면 430.0 — "실험실이 발견되다"

실외. 지하철역 — 잠시 후
닉과 주디는 지금은 사용하지 않는 지하철역으로 살며시 들어간다.

---

pregnant 임신한 ram 숫양 drop spot 범죄자들(스파이)이 서로 물건을 주고받는 비밀 장소 the opposite of ~의 반대의 sneak into 몰래 ~의 안으로 들어가다 abandoned 버려진

INT. ABANDONED SUBWAY STATION

They emerge on a platform and spot an abandoned subway car.

JUDY HOPPS   Come on.

INT. THE GREENHOUSE CAR

She pulls open the window, looks inside the train car. They both see the rows of Night Howlers.

JUDY HOPPS   The weasel wasn't lying.

NICK   Yea, looks like ol' Doug's cornered the market on Night Howlers.[88]

Doug suddenly enters the room, they quickly hide under a desk. Doug takes a pot full of Night howlers and dumps it all into a vat. Eventually producing a small, blue paint ball pellet of Night howler toxin. Nick and Hopps watch it all. The Sheep's phone RINGS.

실내. 폐쇄된 지하철역

플랫폼에 나타난 닉과 주디는 사용하지 않는 지하철 차량 한 대를 발견한다.

주디 홉스 가자.

실내. 온실로 사용되는 차량

주디는 창문을 열고 안을 들여다본다. 밤의 울음꾼이 줄지어 나란히 재배되는 것을 본다.

주디 홉스 족제비가 거짓말한 건 아니네.

닉 그래, 더그라는 녀석이 시장에서 밤의 울음꾼을 완전히 독점했군.

더그가 갑자기 실험실로 들어오고 닉과 주디는 재빨리 책상 밑으로 몸을 숨긴다. 더그는 밤의 울음꾼을 큰 통에 붓는다. 결국 그것을 밤의 울음꾼 독소가 든 작고 푸른 페인트볼 모양의 탄환으로 만든다. 닉과 주디는 그 과정을 전부 지켜보고 있다. 양의 폰이 울린다.

---

corner the market 독점(매점)하다 dump into 쏟아 넣다 eventually 결국 paint ball pellet 페인트볼 모양의 탄환

DOUG (into phone) You got Doug here. What's the mark? Cheetah in Sahara Square. Got it.

The Sheep loads a gun, cocks it. We see a MAP with pictures of a various animal targets.

DOUG (into phone) Serious? Yeah, I know they're fast. I can hit him. Listen, I hit a tiny little otter through the open window of a moving car.

Judy looks up at the picture of Otterton - we flashback to see Mutton hitting him with a serum pellet. Then Hopps looks at Manchas' picture and we flashback to that as well.

DOUG (into phone) Yeah, I'll buzz you when it's done.[89] Or you'll see it on the news. Ya know, whichever comes first.

BAM, BAM! The goons have returned.

WOOLTER (O.S.) Hey, Doug. Open up. We got your latte.

DOUG (into phone) Alright, Woolter and Jesse are back, so I'm leaving now. Out.

NICK Where are you going? Get back here! What are you doing? He's gonna see you! What are you looking at? Hey, whatever you're thinking, stop thinking it! Carrots... Carrots!

| 더그 | (통화) 더그예요. 타겟이 누구죠? 사하라 광장의 치타. 알겠습니다.

숫양은 총에 장전하더니 격발 장치를 당긴다. 표적으로 삼는 다양한 동물들의 사진이 붙어 있는 지도가 보인다.

| 더그 | (통화) 만만찮다고요? 빠른 건 나도 알죠. 맞출 수 있어요. 봐요, 난 달리는 차 창문을 통해 작은 수달도 맞췄다고요.

주디는 고개를 들어 오터톤의 사진을 본다. 양이 혈청 탄환을 수달에게 쏘는 장면이 플래시백 된다. 주디가 이번에는 만차스의 사진을 보자 같은 장면이 플래시백 된다.

| 더그 | (통화) 알겠습니다, 일이 끝나면 전화 드리죠. 아니면 뉴스로 알게 될 수도 있고요. 어떤 경우든 빠른 쪽으로 알게 될 겁니다.

탕, 탕! 문을 두드리는 소리가 들린다. 패거리들이 돌아왔다.

| 울터 | (화면 밖 목소리) 이봐, 더그. 문 열어. 라떼 갖고 왔어.

| 더그 | (통화) 네네, 울터와 제시가 왔으니 이제 출발할게요. 전화 끊습니다.

| 닉 | 너 어디 가는 거야? 이리로 돌아와! 뭐 해? 저놈이 널 볼 거라고! 뭘 보는 거야? 이봐, 뭘 생각하는지 모르겠지만 그만해! 홍당무… 홍당무!

---

load a gun 총에 탄환을 넣다, 장전하다 cock 격발장치를 당기다 serum 혈청 (serum pellet 독극물이 든 탄환) buzz ~에게 전화를 걸다 goon 깡패, 패거리

DOUG	It better have the extra foam this time.[90]

Doug goes to the door to unlock it. BAM! Judy kicks Woolter in the back, knocking him into the other two thugs. Hopps locks the door.

WOOLTER	(banging on the door) Hey, open up!
NICK	What are you doing?! You just trapped us in here.
JUDY HOPPS	We need to get this evidence to the ZPD.

Nick picks up the case.

NICK	Okay. Great, here it is. Got it.
JUDY HOPPS	No. All of it.
NICK	Wait, what? Oh great, you're a conductor now? Listen, it would take a miracle to get this rust bucket going.[91]

Hopps starts the train, the car starts moving.

NICK	Well, hallelujah.

더그	이번에는 거품이 많아야 할 거야.
	더그는 가서 문을 연다. 뻥! 주디가 뒤에서 더그를 차고 다른 두 패거리 쪽으로 쓰러뜨린다. 주디가 문을 잠근다.
울터	(문을 두드리며) 야, 문 열어!
닉	뭘 하는 거야?! 우리 막 여기 갇힌 거라고.
주디 홉스	이 증거들을 경찰서로 가져가야 해.
	닉이 가방을 집어 든다.
닉	알았어, 좋아, 여기, 내가 갖고 있어.
주디 홉스	아니. 이거 모두.
닉	잠깐, 뭐라고? 오 맙소사, 넌 이제 기관사 노릇도 하려고? 이 녹슨 고물 쇳덩어리를 움직이게 하려면 기적이 일어나야 할 거야.
	주디가 열차의 시동을 걸자 차량이 움직이기 시작한다.
닉	와, 세상에.

trap 함정에 가두듯이 가두다 evidence 증거 conductor (기차 등의) 차장 miracle 기적 rust 녹슨 start 시동을 걸다

JESSE (into phone) Yeah, we got a situation at the lab... (notices the train is rolling away) it just got worse!

SEQUENCE 435.0 — "GET TO THE ZPD"

INT. SUBWAY — SAME TIME

Nick and Hopps race away, feeling pretty good about themselves. Hopps drives. Nick rides shotgun.

NICK Mission accomplished. Would it be premature for me to do a little victory toot-toot?[92]

JUDY HOPPS Alright. One toot-toot.

Nick blows the train whistle.

NICK Well, I can cross that off the bucket list.[93]

Things are looking up, when: BAM! Woolter busts into the car. Nick closes the steel door. He head butts the glass.

NICK I may have to rescind that victory toot-toot.

Another thud from the top of the train.

제시 (통화) 네, 실험실에 문제가 생겼는데… (열차가 움직이는 것을 알아차리고) 더 악화됐네요!

장면 435.0 — "주토피아 경찰서로 가야해"

실내. 지하철 — 같은 시간
닉과 주디가 탄 열차가 달린다. 둘은 상당히 기분이 좋다. 주디가 조종하고, 닉이 조수석에 있다.

닉 임무 완료. 승리를 자축하는 의미에서 빵빵 소리를 내면 너무 성급한 건가?

주디 홉스 좋아. 빵빵 한 번.

닉이 열차의 경적을 울린다.

닉 음, 내 버킷 리스트에 한 줄 그을 수 있겠네.

일이 풀리는 듯 하다가, 쾅! 울터가 안으로 박차고 들어온다. 닉은 (조종칸) 철문을 닫는다. 그 얇은 문 유리창을 머리 박치기한다.

닉 승리의 빵빵 소리는 도로 거둬들여야 할 것 같네.

열차 위에서 쾅쾅 소리가 들린다.

---

get a situation 문제가 생기다 **shotgun** 운전석 옆자리 (미국 서부개척시대 마부 옆자리에 엽총(shotgun)을 가진 사람이 타고 경계한 것에서 유래) **mission accomplished** 임무 완료 **premature** 너무 이른 **butt** 머리로 들이받다 **rəscind** 취소(철회)하다

| NICK | Maybe that's just hail? |

Jesse breaks his way in through the small front window. Even though he is stuck, he tries to grab Judy.

| NICK | Back off! |

Nick sees Woolter has backed all the way to the end of the car, ready to bust the door down.

| NICK | Incoming! |

Nick quickly opens the door and Woolter charges straight to the front window, ramming Jesse onto the tracks in front of the train, and getting stuck in the front window himself. In the charge, Judy gets thrown out of the car, but manages to hold on to Woolter's horns.

| NICK | Carrots?! |

| JUDY HOPPS | (to Nick) Don't stop! Keep going![94] |

| JESSE | (about to get run over) No! No! Please stop! |

| JUDY HOPPS | Do not stop this car! |

닉	우박이 떨어졌나?
	제시가 열차 앞 작은 창을 부수고 들어온다. 창에 몸이 끼었지 만 주디를 잡으려고 한다.
닉	뒤로 물러서!
	닉은 울터가 차량 저 뒤로 가 문을 부수려 발동 거는 것을 본다.
닉	들어온다!
	닉은 잽싸게 문을 열어 울터가 열차 앞창으로 돌격하게 하고, 제시를 들이받아 열차 앞 철로에 떨어뜨린다. 울터는 앞창에 몸이 낀다. 그 공격으로 주디도 열차 밖으로 튕겨 나가지만 울터의 뿔을 간신히 잡고 있다.
닉	홍당무?!
주디 홉스	(닉에게) 멈추지 마! 계속 가!
제시	(열차에 부딪히기 직전이다) 안 돼! 안 돼! 멈춰, 제발!
주디 홉스	열차를 멈추지 마!

thud 쿵 소리   hail 우박   charge 돌격하다   get stuck 꼼짝 못하게 (끼다)   manage to 간신히 ~하다

MORE EXCITING ACTION ENSUES– Hopps gets bucked up onto the top of the train. Hopps lands. She looks up– she just misses the traffic light.

JUDY HOPPS Whoa!

Another train comes toward them... on the same track! There's a turn off, but it's gonna be close!

JUDY HOPPS Speed up, Nick! Speed up!

NICK There's another train coming!

JUDY HOPPS Trust me! SPEED! UP!

Woolter sees the train coming and tries to get unstuck, but he can't.

WOOLTER Stop the train!

He struggles like crazy, then, at the last second, Hopps appears next to him:

JUDY HOPPS Hey, need some help?

계속해서 손에 땀을 쥐게 하는 일들이 벌어진다. 주디는 흔들리다가 열차 위로 날아 지붕 위에 떨어진다. 주디가 위를 보다가 신호등을 가까스로 피한다.

주디 홉스 워우!

다른 열차가 이쪽으로 달려온다. 같은 선로로 오는 것이다! 분기점이 보이지만 너무 가깝다!

주디 홉스 속도를 더 내, 닉! 속도를 높여!

닉 열차가 이쪽으로 오고 있잖아!

주디 홉스 날 믿어! 속도를! 높여!

울터는 열차가 이쪽으로 오는 것을 보고 열차에서 빠져나오려고 하지만 그렇게 되지 않는다.

울터 열차를 멈춰!

울터는 미친 듯이 몸부림친다. 그러다 마지막 순간에 주디가 울터 옆에 나타난다.

주디 홉스 이봐, 도와줄까?

---

ensue 뒤따르다, 계속되다 come toward ~에게 다가오다 turn off 기차가 방향을 바꿀 수 있는 분기점 like crazy 미친 듯이 at the last second 마지막 순간에

Judy leaps down and kicks Woolter off the train. The train switches tracks at the last possible second, narrowly avoiding the oncoming car.

NICK Oh no, oh no, oh no! Too fast! Too fast! Hold on!

Except... The train derails. The Night Howlers catch fire.

NICK I think this is our stop!

Hopps and Nick dive out of the car and onto a subway platform.... Just as the lab car EXPLODES.

JUDY HOPPS Okay, maybe some of the evidence survived.

MORE EXPLODES.

주디는 지붕에서 뛰어 내려 울터를 열차에서 뻥 차서 떨어뜨린다. 열차는 절대절명의 순간에 선로를 바꿔 이쪽으로 달려오는 열차를 가까스로 피한다.

닉　　　　오 안 돼, 안 돼, 안 돼! 너무 빨라! 너무 빠르다고! 꽉 잡아!

하지만 열차는 탈선한다. 밤의 울음꾼에 불이 붙는다.

닉　　　　우리 여기서 내려야 해!

주디와 닉은 열차에서 뛰어내려 플랫폼에 떨어지고… 그때 실험실로 사용됐던 차량이 폭발한다.

주디 홉스　　좋아, 증거가 약간 남아 있을 수도 있어.

더 큰 폭발이 일어난다.

---

narrowly 가까스로 avoid 피하다 oncoming car 마주보고 달려오는 차량 derail 탈선하다 catch fire 불이 붙다 explode 폭발하다

JUDY HOPPS Everything's gone. We lost it all.

NICK Yeah. Oh, except for this.

Nick holds up the gun case and laughs.

JUDY HOPPS Oh Nick! Yes!

Judy SMACKS him on the arm. Hard. Nick grimaces.

NICK Ow!

JUDY HOPPS Come on, we gotta get to the ZPD!

주디 홉스   모두 사라졌네. 다 잃었어.

닉   그러게. 오, 이거 빼고.

　　　닉이 총 가방을 들어올리며 웃는다.

주디 홉스   와, 닉! 정말 끝내준다!

　　　주디가 닉의 팔을 세게 때린다. 닉이 얼굴을 찡그린다.

닉   아얏!

주디 홉스   가자, 주토피아 경찰서로 가야 해!

---

except for ~을 제외하고 smack someone on the arm ~의 팔을 찰싹 때리다 grimace 얼굴을 찡그리다

CHAPTER 21

Bellwether Being Nailed

SEQUENCE 455.0 — "NATURAL HISTORY MUSEUM"

JUDY HOPPS   Cut through the Natural History Museum!

INT. NATURAL HISTORY MUSEUM
Nick and Hopps race through the empty museum. The ZPD entrance is just ahead.

JUDY HOPPS   Oh! There it is!

They're going to make it.

BELLWETHER   (O.S.) Judy! Judy!

Judy and Nick stop and turn. There's Bellwether, standing behind them with two sheep cops.

21. mp3

장면 455.0 — "자연사 박물관"

주디 홉스   자연사 박물관을 통해서 가자!

실내. 자연사 박물관
닉과 주디는 비어있는 박물관을 통해 간다. 주토피아 경찰서는 바로 앞에 있다.

주디 홉스   아! 저기야!

둘은 이제 막 경찰서에 도착할 참이다.

벨웨더   (화면 밖 목소리) 주디! 주디!

주디와 닉은 걸음을 멈추고 몸을 돌린다. 벨웨더를 비롯해 양 경찰 둘이 자신들 뒤에 서 있다.

Natural History Museum 자연사 박물관 cut through ~를 가로지르다 race through ~를 뛰어 가로지르다 entrance 입구
make it 도착하다

JUDY HOPPS   Mayor Bellwether! (out of breath) We found out what's happening. Someone's darting predators with a serum – that's what's making them go savage.

BELLWETHER   I am so proud of you, Judy. You did just a super job.

JUDY HOPPS   Thank you, ma'am... (suspicious) How did you know where to find us?

BELLWETHER   I'll go ahead and I'll take that case now.

JUDY HOPPS   You know what... I think Nick and I will just take this to the ZPD...

Hopps turns toward the ZPD. Uh oh. A large, menacing-looking ram blocking their way.

JUDY & NICK   Run.

They take off– away from the ZPD– down a dark corridor.

BELLWETHER   Get them!

Hopps runs– not seeing a sharp MAMMOTH TUSK sticking out. It slashes her leg, knocking her off her feet.

주디 홉스 벨웨더 시장님! (숨이 찬 목소리로) 무슨 일인지 우리가 알아냈어요. 어떤 자들이 맹수들에게 독극물을 쏘아서 주입시키고 있어요. 그래서 그 동물들이 미쳐 날뛰는 거예요.

벨웨더 아주 잘했어, 주디. 넌 정말 엄청난 일을 해낸 거야.

주디 홉스 감사합니다, 시장님… (의심스러워 하며) 우리가 여기에 올 줄은 어떻게 아신 거예요?

벨웨더 내가 그 가방 가져가서 처리할게.

주디 홉스 저기… 닉과 제가 이걸 경찰서로 가져가야 할 것 같아요…

주디가 경찰서 쪽으로 몸을 돌린다. 이런. 덩치 크고 험하게 생긴 숫양이 길을 막고 있다.

주디와 닉 뛰어.

둘은 경찰서 쪽이 아니라 어두운 복도로 향한다.

벨웨더 잡아!

주디는 뛰다가 그만 맘모스의 날카로운 상아가 튀어나온 것을 보지 못한다. 그 상아에 다리가 베여 주디는 넘어진다.

---

out of breath 숨이 차서 dart (화살 등을) 쏘다, 던지다 suspicious 의심스러운 menace 위협적인 block 막다 corridor 복도 tusk 상아 slash 찢다

JUDY HOPPS   Ach!

NICK   Ah Carrots!

Nick goes to her. Her leg is bleeding badly. He carries her behind a pillar.

NICK   I got ya, come here, come here. Okay, just relax.

Nick takes out his handkerchief to wrap Judy's leg. A few BLUEBERRIES fall out with it.

NICK   Oh, uh, blueberry?

JUDY HOPPS   (in pain) Pass.

BELLWETHER   (O.S.) Come on out, Judy!

JUDY HOPPS   (whispers) Take the case. Get it to Bogo.

NICK   I'm not going to leave you behind, that's not happening.[95]

JUDY HOPPS   I can't walk.

NICK   Just, we'll think of something.

주디 홉스	아얏!

닉	아, 홍당무!

닉이 주디에게 다가간다. 주디의 다리에서 피가 난다. 닉은 주디를 기둥 뒤로 데려간다.

닉	자, 됐어, 여기, 여기야. 좋아. 그냥 편하게 있어.

닉이 주디 다리 상처를 묶기 위해 손수건을 꺼낸다. 블루베리가 몇 알 떨어진다.

닉	어, 이런, 블루베리 먹을래?

주디 홉스	(아파하며) 괜찮아.

벨웨더	(화면 밖 목소리) 이리 나와, 주디!

주디 홉스	(속삭이며) 이 가방을 받아. 이걸 보고 서장님에게 전해.

닉	널 여기 내버려두고 가진 않을 거야, 그런 일은 있을 수 없어.

주디 홉스	난 걸을 수 없어.

닉	뭔가 방법을 생각해 내야지.

bleeding 출혈 pillar 기둥 in pain 아픈

BELLWETHER   We're on the same team, Judy!

>   WITH BELLWETHER & THUGS – Bellwether talks as they look for Judy and Nick...

BELLWETHER   Underestimated. Under-appreciated. Aren't you sick of it?[96] Predators– they may be strong and loud, but prey out-number predators 10 to one. Think of it– 90 percent of the population, united against a common enemy. We'll be unstoppable.

>   Bellwether sees a SHADOW– RABBIT EARS. She gestures to the RAMS– there they are. The ram is about to pounce on Judy and Nick... only to find a rabbit mannequin for an exhibit.

SHEEP COP   (growls) Huh?

>   Metallic clatter.

벨웨더	우리는 같은 편이야, 주디!

벨웨더와 부하들이 보인다. 부하들과 함께 주디와 닉을 찾으면서 벨웨더가 말한다.

벨웨더	우리는 무시만 당하고, 인정도 못 받고. 이런 게 지겹지도 않니? 맹수들은 힘이 세고 목소리는 클지 몰라도 초식동물과 비교하면 10분의 1밖에 안 돼. 생각해 봐. 동물의 90퍼센트가 공동의 적에 대항해 힘을 합치면 우린 무적이야.

그림자가 벨웨더의 눈에 띈다. 토끼 귀다. 벨웨더는 숫양들에게 저기 있다고 손짓한다. 숫양이 주디와 닉을 덮치려 하는데… 그것은 전시용 토끼 상이다.

양 경찰	(으헝) 허?

금속 챙챙 소리가 들린다.

---

be on the same team 같은 편이다 underestimated 무시당하는 under-appreciated 제대로 인정을 받지 못하는 outnumber ~보다 숫자가 많다 unstoppable 막을 수 없는, 무적인 pounce on ~를 덮치다 exhibit 전시용 clatter 달가닥하는 소리

BELLWETHER (to Goons) Over there!

Judy and Nick are making a run for it.

JUDY HOPPS No.

When suddenly... BAM! A RAM tackles them both, knocking the case out of Nick's paws. Both of them fall into a sunken diorama. Bellwether looks over the edge.

BELLWETHER (laughs) Oohh. You should have stayed on the carrot farm. It really is too bad– I did like you.

JUDY HOPPS What are you gonna do? Kill me?

BELLWETHER Oh no, of course not... he is.

Bellwether takes the dart gun out of the case, aims at Nick and... THWICK! She darts him.

JUDY HOPPS No! Nick?!

Nick starts to shake and crouch. Bellwether dials her phone.

BELLWETHER Yes, police! There's a savage fox in the Natural History Museum. Officer Hopps is down! Please hurry!

벨웨더	(부하들에게) 저쪽이야!

주디와 닉은 필사적으로 뛴다.

주디 홉스	안 돼.

그때 갑자기… 쾅! 숫양이 둘을 들이받자, 닉이 쥐고 있던 가방을 놓치고 둘은 움푹 파인 전시 모형 안으로 떨어진다. 벨웨더가 가장자리에서 내려다본다.

벨웨더	(웃으며) 오… 넌 홍당무 농장에 그냥 있었어야지. 참 안됐어. 널 좋아했는데.

주디 홉스	어떻게 하려고? 날 죽이려고?

벨웨더	오 아니, 물론 아냐… 쟤가 널 죽일 거야.

벨웨더가 가방에서 다트 총을 꺼내 닉에게 겨누더니… 팍! 벨웨더가 닉에게 다트를 맞춘다.

주디 홉스	안 돼! 닉?!

닉은 몸을 떨더니 웅크린다. 벨웨더가 폰을 누른다.

벨웨더	그래요, 경찰이죠! 여기 자연사 박물관에 야수로 돌변한 여우가 있어요. 주디 경관이 쓰러졌어요! 서둘러 주세요!

make a run for it 필사적으로 도망치다 sunken 움푹 들어간 diorama 디오라마 (박물관의 입체 모형모형) aim at ~를 향해 겨냥(조준)하다 crouch 웅크리다 dial one's phone 전화를 걸다 (구식 다이얼 돌리는 방식이나 표현은 살아 있음)

JUDY HOPPS   No. Nick. Don't do this. Fight it.

BELLWETHER   Oh, but he can't help it, can he?[97] Since preds are just biologically predisposed to be savages.

Nick growling. Hopps backs away in horror.

BELLWETHER   (laughs) Gosh, think of the headline: "Hero Cop Killed by Savage Fox."

JUDY HOPPS   So that's it, prey fears predator, and you stay in power?

BELLWETHER   Yeah. Pretty much.

JUDY HOPPS   It won't work.

BELLWETHER   Fear always works. And I'll dart every predator in Zootopia to keep it that way.

JUDY HOPPS   (as Nick approaches, snarling) Oh, Nick... No.

주디 홉스	안 돼. 닉. 그러지 마. 이겨내야 해.
벨웨더	아, 맘대로 안 될 걸? 맹수들은 생물학적으로 야수가 될 수밖에 없는 본능을 타고났는데.

닉이 으르렁거린다. 주디가 놀라 뒷걸음질 친다.

벨웨더	(웃으며) 와, 신문의 헤드라인이 볼만하겠는 걸. '영웅 경찰, 야수로 돌변한 여우에게 물려 죽다.'
주디 홉스	그래. 초식동물은 맹수들을 두려워하지. 그런데 당신이 권력을 잡겠다고?
벨웨더	그래, 그렇게 되는 거지.
주디 홉스	그렇게 되지는 않을 거야.
벨웨더	두려움은 언제나 통하지. 그래서 난 주토피아에 있는 모든 맹수들에게 다트를 쏠 거야, 그게 먹히니까.
주디 홉스	(닉이 으르렁대며 다가오자) 오, 닉… 안 돼.

fight it 독극물을 이겨내라 be predisposed to + 동사원형 ~하는 성향을 타고나다 hɛadline (신문의) 헤드라인, 표제 stay in power 계속 권력을 쥐다

BELLWETHER (laughs) Bye-Bye, bunny.

Nick lunges. He attacks. Judy screams. Bellwether smiles.

JUDY HOPPS Blood, blood, blood! And death.

Bellwether looks confused. Nick stands up.

NICK All right, you know, you're milking it. Besides, I think we got it, I think we got it. We got it up there, thank you yakkety-yak– you laid it all out beautifully.

BELLWETHER What?

NICK Yea, oh, are you looking for the serum? Well, it's right here.

He holds up the serum.

JUDY HOPPS What you've got in the weapon there– those are blueberries. From my family's farm.

NICK They are delicious. You should try some.

As Nick licks his fingers, Bellwether looks down to see a blueberry in the chamber of the gun. She's angry.

벨웨더 (웃으며) 잘 가, 토끼 아가씨.

닉이 달려들어 공격한다. 주디가 비명을 지른다. 벨웨더는 미소를 짓는다.

주디 홉스 피, 피 피야! 그리고 죽었어요.

벨웨더가 어리둥절한 표정을 짓는다. 닉이 일어선다.

닉 좋아, 근데 너무 우려먹네. 그리고 말야, 우리가 증거를 잡았어, 증거를 잡았다고. 우리가 갖고 있어, 고마워. 당신이 아주 멋지게 털어놨지 뭐야.

벨웨더 뭐라고?

닉 그래, 아, 그런데 혈청 찾으시나? 그건 바로 여기 있지.

닉이 혈청을 들어 보인다.

주디 홉스 당신이 갖고 있는 총에 든 건 블루베리야. 으리 가족 농장에서 딴 거지.

닉 진짜 맛있어. 좀 먹어 봐.

닉이 손가락을 핥는 동안 벨웨더는 총의 약실에 든 블루베리를 내려다본다. 벨웨더는 화가 났다.

---

attack 공격하다 **milk** 우유를 짜내듯이 부정한 방법으로 짜내다. 우려먹다 **lay out** 사전에 준비해놓다, 배치해놓다 **chamber** 총에 탄환을 넣는 '약실'

BELLWETHER I framed Lionheart, I can frame you, too! It's my word against yours!

Judy holds up the carrot pen.

JUDY HOPPS Oooo, yeah, actually...

BELLWETHER (on carrot pen recorder) And I'll dart every predator in Zootopia to keep it that way...

JUDY HOPPS It's your word against yours. It's called a hustle, sweetheart. Boom.

Bogo and a TEAM OF COPS burst onto the scene. Bellwether looks to run but there's nowhere to go. She's nailed.

| 벨웨더 | 내가 라이언하트를 옭아 넣었는데 너희들은 식은 죽 먹기지. 증거가 없잖아! |

주디가 당근 펜을 들어보인다.

| 주디 홉스 | 오… 그렇지, 실은… |

| 벨웨더 | (당근 펜 녹음기 목소리) 그래서 난 주토피아에 있는 모든 맹수들에게 다트를 쏠 거야. 그게 먹히니까. |

| 주디 홉스 | 이제 빼도박도 못해. 이걸 속임수라고 하는 거야, 귀여운 아가씨. 빵. |

보고를 비롯한 경찰대원들이 현장으로 밀어닥친다. 벨웨더는 도망갈 길을 찾지만 길이 보이지 않는다. 벨웨더가 꼼짝없이 잡힌다.

---

frame 옭아 넣다 burst onto the scene 현장으로 들이닥치다 there's nowhere to go 갈(도망칠) 곳이 없다 be nailed 꼼짝없이 잡히다 (못이 박히면 꼼짝 못하듯)

CHAPTER 22

Change Starting With Me

SEQUENCE 470.0 — "EPILOGUE"

INT. NEWS STUDIO — DAY
A news team reads the headlines. FOOTAGE shows Bellwether being led to jail in cuffs and an orange jumpsuit.

FEMALE ANCHOR
Former Mayor Dawn Bellwether is behind bars today,[98] guilty of masterminding the savage attacks that have plagued Zootopia of late.

MALE ANCHOR
Her predecessor, Leodore Lionheart, denies any knowledge of her plot, claiming he was just trying to protect the city.

MAYOR LIONHEART
Did I falsely imprison those animals? Well, yes. Yes, I did. Classic "doing the wrong thing for the right reason" kind of a deal.

22. mp3

장면 470.0 — "에필로그"

실내. 뉴스 스튜디오 - 낮
뉴스 팀이 헤드라인을 읽는다. 벨웨더가 오렌지색 죄수복을 입고 수갑을 찬 채 감옥으로 끌려가는 장면이 나온다.

여 앵커	최근 주토피아를 뒤흔들었던 야만적인 공격을 배후에서 조종했다는 혐의를 받는 던 벨웨더 전 시장이 오늘 수감됐습니다.
남 앵커	전임자인 리어도르 라이언하트는 벨웨더의 음모에 대해 전혀 알지 못했다고 말하며 자신은 단지 도시를 보호하려고 했을 뿐이라고 주장합니다.
라이언하트 시장	제가 아무런 잘못이 없는 그 동물들을 가뒀냐고요? 네, 뭐, 그건 사실입니다. 제가 그랬죠. 그건 '의도는 좋았으나 과정이 좋지 않았다'라고 말할 수 있는 전형적인 케이스죠.

---

be led to jail 감방으로 수감되다 in cuffs 수갑을 차고 orange jumpsuit 오렌지색 점프 슈트 (여기서는 죄수복) behind the bar 구속되다 mastermind 배후에서 조종하다 plague 괴롭히다 of late 최근에 predecessor 전임자 imprison 감금하다

BACK TO THE NEWS DESK.

FEMALE ANCHOR In related news, doctors say the night howler treatment is proving effective in rehabilitating the afflicted predators...

INT. HOSPITAL ROOM — DAY

Mr. Otterton wakes up.

MRS. OTTERTON Emmitt? Oh... Emmitt...

She hugs him and he holds her tight. Judy in the room, watching their reunion.

MRS. OTTERTON (to Judy, small, grateful) Thank you.

EXT. ZOOTOPIA CENTRAL PLAZA — DAY

Judy walks through the CENTRAL PLAZA of ZOOTOPIA. She looks around to see animals coming back together. She focuses on two kids: one pred, one prey playing innocently.

JUDY HOPPS (V.O.) When I was a kid, I thought Zootopia was this perfect place where everyone got along and anyone could be anything. Turns out, real life's a little bit more complicated than a slogan on a bumper sticker.[99] Real life is messy.

다시 뉴스 데스크 화면.

여 앵커 관련 소식을 전해드립니다. 독극물이 주입된 동물들을 치료하는 밤의 울음꾼 치료법은 효과가 있는 것으로 밝혀지고 있습니다.

실내. 병실 — 낮
오터톤 씨가 깨어난다.

오터톤 부인 에밋? 오… 에밋…

부인이 남편을 안자, 남편은 아내를 꼭 껴안는다. 병실에서 주디가 부부의 재회 장면을 지켜본다.

오터톤 부인 (주디에게, 감사의 마음을 담아 작은 소리로) 고마워요.

실외. 주토피아의 센트럴 플라자 — 낮
주디가 주토피아의 센트럴 플라자를 걷고 있다. 주디는 동물들이 다시 같이 나와 돌아다니는 것을 본다. 특히 맹수 아이와 초식동물 아이가 천진난만하게 노는 것을 눈여겨본다.

주디 홉스 (목소리) 제가 어렸을 때는 주토피아는 모두가 서로 어울리고 누구든 무엇이든 될 수 있는 이런 완벽한 곳이라고 생각했어요. 하지만 현실이란 자동차 범퍼 스티커에 인쇄된 슬로건보다 더 복잡하다는 것을 알게 됐죠. 현실은 엉망진창이죠.

---

related news 관련된 뉴스 treatment 치료법 rehabilitate 재활 치료를 하다 afflicted 고통받는 reunion 재회 turn out 결국 ~으로 드러나다 complicate 복잡하게 하다 messy 엉망진창인

AT THE ZPD: Clawhauser is back at his desk. Co-workers are giving him two boxes of donuts.

JUDY HOPPS (V.O.) We all have limitations. We all make mistakes. Which means, hey, glass half full! we all have a lot in common. And the more we try to understand one another, the more exceptional each of us will be.[100] But we have to try.

EXT. CADET TRAINING GROUNDS — DAY
Reveal: Hopps is giving a commencement address to the GRADUATES of the Police Academy.

JUDY HOPPS So, no matter what type of animal you are, from the biggest elephant to our first fox: I implore you, try. Try to make the world a better place.

Reveal: Nick is a cadet.

JUDY HOPPS Look inside yourself and recognize that change starts with you. It starts with me. It starts with all of us.

Later, Hopps opens a box revealing a badge. She places the badge on Nick's uniform. She salutes Nick, who salutes her back. Caps are thrown in the air. The music fades out, leaving just the APPLAUSE, which are interrupted by:

주토피아 경찰서: 클로하우저가 자기 자리로 복귀했다. 동료들이 도넛 두 상자를 그에게 준다.

주디 홉스   (화면 밖 목소리) 우리는 모두 한계가 있는 겁니다. 우리는 모두 실수를 저지르죠. 이것이 뭘 의미하냐면, 그런데, 물이 반쯤 든 컵을 보면 어떻게 생각하시나요? 긍정적으로 생각하던요, 이건 우리에게는 공통점이 많다는 것을 의미하는 거예요. 그리고 우리가 서로 더 잘 이해하려고 하면 할수록 우리는 각자 더욱 예외적인 존재가 되는 거죠. 하지만 우리는 노력해야 해요.

실외. 경찰학교 훈련장 — 낮
주디가 경찰학교 졸업생들에게 졸업식 연설을 하고 있는 것이 보인다.

주디 홉스   그래서 여러분이 어떤 종류의 동물 출신이든, 가장 큰 코끼리부터 우리 경찰학교 최초의 여우에 이르기까지, 여러분에게 간곡히 부탁합니다. 노력합시다. 이 세상을 좀 더 살기 좋은 곳으로 만들기 위해 노력합시다.

경찰후보생이 된 닉이 보인다.

주디 홉스   여러분의 내면을 살펴보세요. 여러분 자신부터 변해야 된다는 것을 알아야 합니다. 나부터 변해야 합니다. 우리는 모두 나부터 변해야 합니다.

잠시 후, 주디는 배지 박스를 열어 보인다. 그녀는 닉의 유니폼에 배지를 달아 준다. 주디는 닉에게 경례하고 그도 화답한다. 졸업생들의 모자가 공중으로 날아간다. 음악이 차차 희미해지며 박수소리가 들리더니 다음 장면이 이어진다.

---

limitation 제약, 한계   glass half full 반쯤 찬 물잔   in common 공동으로   exceptional 특별한, 예외적인   commencement address 졸업식 연설   implore 간청하다   cadet 후보생

CHIEF BOGO   All right! All right! Enough! Shut it!

INT. ZPD BULLPEN — DAY
Bogo stands at the podium. Hopps and Nick (now in uniform) sit together among ZPD's finest.

CHIEF BOGO   We have some new recruits with us this morning, including our first fox. Who cares.

NICK   You should have your own line of inspirational greeting cards, sir.

CHIEF BOGO   Shut your mouth, Wilde. Assignments! Grizzoli, Fangmeyer, Delgato: Tundratown Swat. Snarlov, Higgins, Wolfard: Undercover. Hopps, Wilde... (beat of anticipation) Parking duty. Dismissed.

보고 서장   자, 자, 동작 그만! 그만하라고! 입 다물고!

실내. 주토피아 경찰서 회의실 — 낮
보고가 연단에 서 있다. 경찰제복을 입은 주디와 닉이 주토피아 경찰들 사이에 앉아 있다.

보고 서장   오늘 아침에는 신참들이 몇 명 들어왔다. 그 중에는 최초로 여우도 끼어 있긴 한데, 그렇거나 말거나.

닉   좀 더 재미있고 그럴 듯한 인사장 카드를 새로 사셔야 할 것 같습니다, 서장님.

보고 서장   입 다물어, 와일드. 임무를 배정하겠다! 그'졸리, 팽마이어, 델가토는 툰드라 타운 특공대로, 스날로브, 히긴스, 울포드는 위장 잠입 조로, 홉스, 와일드는… (뜸을 들이자 기대감이 증폭된다) 주차 위반 단속. 이상.

---

finest 경찰, 경관들 line 말, 대사 inspirational 영감을 주는 Swat 특공대 undercover 위장 잠입 anticipation 예상, 기대

Judy and Nick look at the chief, shocked. Then Bogo grins.

CHIEF BOGO (grins) Just kidding! We have reports of a street racer tearing up Savannah Central.

INT. / EXT. COP CAR — DAY

Hopps drives. Nick rides shotgun, eating a Pawpsickle.

CHIEF BOGO (O.S.) Find him, shut him down.

NICK So, are all rabbits bad drivers or is it just you?

She slams on the brakes. He lurches forward, accidentally jamming the Pawpsickle into his face.

JUDY HOPPS Oops. Sorry.

NICK (as he wipes off his face, chuckles) Sly bunny.

JUDY HOPPS Dumb fox.

NICK You know you love me.

JUDY HOPPS Do I know that? Yes. Yes, I do.

주디와 닉이 놀라서 서장을 쳐다본다.

보고 서장　(씩 웃으며) 농담! 사바나 중심을 가르는 과속 신고가 들어왔다.

실내. / 실외. 경찰차 — 낮
주디가 운전하고 닉은 조수석에 앉아 발바닥 하드를 먹고 있다.

보고 서장　(화면 밖 목소리) 녀석을 잡아서 체포해.

닉　그러니까 말야, 토끼는 원래 그렇게 운전을 형편없이 하니, 아니면 너만 그러니?

주디가 브레이크를 꽉 밟는다. 닉의 몸이 앞으로 확 쏠리자 발바닥 하드가 얼굴에 처박힌다.

주디 홉스　이런, 미안.

닉　(얼굴을 닦으며, 낄낄대며) 이런 교활한 토끼.

주디 홉스　멍청한 여우.

닉　네가 나 좋아하는 거 알면서.

주디 홉스　내가 그걸 알고 있냐고? 그럼, 알고 있지.

---

grin 씩 웃다　shut ~ down ~을 막다, 중단시키다　slam on the brakes 브레이크를 꽉 밟다　lurch 휘청하다　sly 교활한

                    The light changes to green and before they can move, a red car with tinted windows zooms past them. They take notice and smile at each other. Nick puts on his shades and turns on the siren. Judy hits the pedal and they chase after the car. They managed to pull over the speeding motorist. Judy and Nick walk up to the car.

JUDY HOPPS   Sir, you were going 115 miles per hour, I hope you have a good explanation.

                    The window rolls down revealing Flash, looking at them nervously. Judy looks at him shocked and Nick removes his shades, surprised and amused.

NICK   Flash, Flash, hundred yard dash!

FLASH   (slowly smiles) Niiiick...

초록불로 신호가 변하고 출발 전, 선팅한 빨간 차가 빠르게 지나간다. 그들은 알아차린 듯 서로 보고 미소를 짓는다. 닉은 선글라스를 끼고 사이렌을 켠다. 주디는 엑셀을 밟고 그 차를 쫓는다. 그들은 과속 차량을 가까스로 세운다. 즈디와 닉이 그 차를 향해 걸어간다.

주디 홉스   선생님, 시속 115마일로 달리셨는데, 괜찮은 핑곗거리가 있어야 할 것 같네요.

차 창문이 내려가자 긴장한 모습으로 그들을 바라보는 '플래시'가 보인다. 주디는 놀라서 그를 쳐다보고 닉도 놀라고 재미있어 하며 그의 선글라스를 벗는다.

닉   플래시, 플래시, 날쌘돌이 플래시!

플래시   (천천히 미소지으며) 니이이익⋯

tinted 착색 (tinted window 선팅한 창) **pull over** 길 한쪽에 차를 대게 하다 **motorist** 운전자 **miles per hour** 시속 (115mph = 185kph) **explanation** 해명, 설명 **amused** 재미있어 하는

Disney
ZOOTOPIA

워크북

스크립트북에서 중요한 표현 100개를 뽑아 담았습니다.

w001. mp3

| 1 | **If you don't** try anything new, **you'll never** fail.
새로운 걸 안 하면 실패할 일도 없어. |

경찰을 꿈꾸는 어린 주디에게 홉스 부부는 현실에 안주하는 안정된 삶의 묘미를 설파합니다. 과연 부모님의 바람대로 주디의 꿈을 말릴 수 있을까요?

If you don't ~, you'll never ...은 '~하지 않으면 절대 …하지 않을 것'이란 의미로 don't과 never 뒤에는 동사원형이 옵니다. 반대로 '~하면 …할 것이다'라고 말할 때는 부정어를 빼고 If you ~, you'll ...이라고 하면 되죠.

If you don't attend the seminar, **you'll never** get the certificate.
세미나에 참석하지 않으면 절대 그 자격증을 취득할 수 없을 겁니다.

If you don't understand who you really are, **you'll never** be happy.
네 자신이 진짜 누군지 이해하지 못하면 넌 절대 행복할 수 없어.

w002. mp3

| 2 | **I am gonna make** the world a better place!
전 이 세상을 좀 더 나은 곳으로 만들 거니까요! |

엄마 아빠가 걱정을 하거나 말거나 경찰에 대한 꿈이 굳건한 주디. 더 나아가 세상을 더 나은 곳으로 만들겠다는 야무진 꿈과 어린 혈기가 느껴지네요.

내가 누구 혹은 무언가를 어떻게 만들겠다고 의지를 밝히고 싶을 땐 〈I am gonna make A B〉 패턴을 활용해 보세요. B자리엔 주디처럼 명사를 써도 되고, 아래 예문에서처럼 동사원형이나 형용사도 쓸 수 있습니다. 참고로, gonna는 미국인들이 즐겨 쓰는 going to의 구어체 표현으로 [거나] 정도로 발음합니다.

I am gonna make him regret it.
그 남자애 후회하게 만들 거야.

I am gonna make you happy.
내가 행복하게 해줄게.

w003. mp3

> **3**　**Kindly** return my friend's tickets.
> 　　미안하지만, 내 친구 표를 돌려주시지.

'홍당무의 날 축제'에서 심술궂은 여우 '기디온 그레이'와 그의 패거리가 주디 친구들의 표를 빼앗고 괴롭히고 있습니다. 주디는 그걸 못 지나치고 친구들에게 살짝 비꼬는 투로 표를 돌려주라고 말합니다.

kindly는 '친절하게도'란 뜻인데, 부탁조로 말하는 의문문이나 명령문에서는 '부디, 죄송하지만'이라는 어감으로 쓰입니다. 의문문에 쓸 때는 그야말로 부드럽고 정중하게 부탁을 하는 어감을 주지만, 명령문에 쓰면 비꼬거나 강요하는 느낌을 줄 수 있기 때문에 누구에게나 아무때나 함부로 쓰지는 마세요. 명령문에 쓸 때는 항상 문장 맨 앞에 쓴다는 점도 알아두세요.

Will you **kindly** show me the post office?
죄송합니다만, 우체국으로 가는 길을 좀 알려 주시겠어요?

Kindly wait a little longer.
제발 조금만 더 기다려.

w004. mp3

> **4**　**Don't tell me what** I know, Travis.
> 　　나도 알아, 트래비스.

기디온은 잔뜩 허세를 부리며 자기보다 약한 동물들을 겁주고 있네요. 와중에 'DNA'를 '더나아'라고 하는 무식함을 드러냅니다. 그의 부하 트래비스가 그걸 지적하자 이렇게 받아치며 자존심을 세우죠.

직역하면 '내가 아는 걸 나한테 말하지 마'인데요, '나도 아니까 그런 거 걸고 넘어지지 말라'는 뉘앙스가 담겼죠. 누군가의 지나친 간섭이나 오지랖이 성가실 때 〈Don't tell me what 주어 + 동사〉 또는 〈Don't tell what to + 동사원형〉의 패턴을 쓸 수 있습니다.

Don't tell me what I can or can't do!
내가 할 수 있고 할 수 없는 일을 네가 함부로 말하지 마!

Don't tell me what to do.
나한테 이래라저래라 하지 마.

w005. mp3

5	**I want you to remember this moment.**
	이 순간을 기억하라고.

어린 주디는 기디온 패거리에 맞서 보려 하지만 천하의 주디도 여우의 힘에 대항하기는 쉽지 않네요. 기디온은 이 순간을 기억하라며 단단히 으름장을 놓고 떠납니다. 물론 친구들의 표를 회수했으니 완전한 패배는 아니지만요.

⟨I want you to + 동사원형⟩은 '네가 ~해주길 바란다, ~해줬으면 한다'는 의미로, 결국 '~하라'는 말을 완곡하게 표현한 것입니다.

I want you to read my mind.
내 마음을 알아줬으면 해.

I want you to listen to what I'm trying to say.
내가 하려는 말을 들어주면 좋겠어.

w006. mp3

6	**It is my great privilege to officially assign you to the heart of Zootopia.**
	자네를 공식적으로 주토피아 중심부로 발령을 내어 기쁘기 그지없네.

경찰학교의 혹독한 훈련을 마친 주디는 수석의 명예를 안고 졸업생 대표가 됩니다. 연단에 졸업생 대표로 오르는 영광과 함께 주토피아 중심 구역 경찰서로 발령이 나네요.

privilege라고 하면 '특권'이란 뜻이 바로 떠오를 텐데요, '어떤 기회나 자리를 갖게 돼서 정말 행운이라고 느껴질 정도로 기분 좋은 것'을 의미하기도 합니다. 그래서 ⟨It is my great privilege to + 동사원형⟩의 형태로 '~하게 되어 기쁘기 그지없다/행운이다'라는 의미가 되는 거죠.

It is my great privilege to welcome all of you to this seminar.
이번 세미나에 여러분 모두를 맞이하게 되어 기쁘기 그지없습니다.

It is my great privilege to write the foreword to this book.
이 책의 서문을 쓰게 되어 영광입니다.

w007. mp3

7	This has been my dream since I was a kid.
	경찰관은 어렸을 때부터 저의 꿈이었어요.

경찰학교 졸업식에서 벨웨더 보좌관이 배지를 달아 주고 축하 인사를 하자 주디가 그녀에게 하는 말입니다. 토끼와 양처럼 작고 약한 동물들에겐 무척 자랑스러운 날이네요.

어떤 일이나 사실, 물건 등을 지칭하며 '이건 언제부터/언제 이래로 (계속) ~였다'고 말하고 싶을 땐 〈This has + p.p. ~ since …〉를 쓸 수 있습니다. 과거에서 현재까지 지속되는 행동이나 상태를 말하는 '현재완료 시제'이죠. since 뒤에는 문장뿐 아니라 명사도 올 수 있습니다.

This has been my home since I was born.
이곳은 내가 태어날 때부터 살았던 집이야.

This has been my belief since my teens.
이건 십대 때부터 내 신념이었어.

w008. mp3

8	I've been working for this my whole life.
	평생 이 일을 위해 노력했어요.

주토피아로 떠나는 주디를 배웅하기 위해 가족, 친구들이 모두 모였습니다. 엄마 아빠는 머나먼 도시로 떠나는 딸이 그저 걱정될 뿐입니다. 이에 주디가 드디어 꿈을 이룬 거라며 안심시키네요.

예전부터 지금까지 계속 하고 있는 일은 〈I've been + -ing ~〉로 말하면 되는데, 여기에 '~년째 …하고 있다'와 같이 구체적으로 들인 시간을 언급하고 싶을 땐 뒤에 〈for + 시간〉을 덧붙이면 됩니다.

I've been waiting for you for the whole week.
일주일 내내 널 기다리고 있었어.

She has been teaching creative writing for 12 years.
그 여자는 12년째 창작 문예를 가르치고 있어요.

w009. mp3

| 9 | **And he cheats like there's no tomorrow.**
족제비는 내일이면 세상이 망할 것처럼 엄청나게 속여. |

기차역에서 엄마 아빠는 곰이며 사자와 늑대 등 모든 동물을 조심해야 한다며 특히 족제비는 엄청나게 잘 속인다며 단단히 주의를 주고 있습니다.

우리말에도 '내일이 없는 것처럼, 내일 죽을 것처럼 산다'는 표현이 있죠. 이에 딱 떨어지는 영어 표현이 바로 〈주어 + 동사 + like there's no tomorrow〉인데요. 지금 이 순간에 집중해 자신이 원하는 대로 어떤 일에 몰두하는 모습을 비유적으로 말하는 거죠. 오늘의 삶에 충실한 모습을 그릴 때도 쓰지만, 자기 하고 싶은 멋대로 절제 없이 과도하게 행동하는 모습을 그릴 때도 쓸 수 있습니다. 이때 like는 '~처럼'이란 뜻으로 뒤에 다른 문장을 넣어서도 활용해 보세요.

They spend like there's no tomorrow.
걔들은 내일이 없는 것처럼 돈을 써.

She is dancing like no one is watching.
그 여자애는 아무도 보고 있지 않은 것처럼 춤을 춰.

w010. mp3

| 10 | **Complimentary de-lousing once a month.**
한 달에 한 번 무료 소독을 해요. |

긴 기차 여행 끝에 주토피아에 도착합니다. 주디가 살 아파트 주인인 달마 부인이 안내하고 있어요. 최고급 아파트라고 자랑하며 한 달에 한 번 무료 소독을 한다고 하네요.

식당이나 상점 등에서 무료로 뭔가 줄 때 쓰는 말이 complimentary입니다. free와 비슷하지만 더 고급스럽게 표현할 때 쓰는 단어죠. de-는 뭔가로부터 없애다(remove)라는 의미의 접두사이고 louse는 lice(머릿니, 기생충)의 단수형입니다. delouse는 동사로 '~에서 이를 잡다'라는 뜻입니다.

A: The hotel provides a complimentary bottle of wine.
저희 호텔은 무료 와인 한 병을 제공합니다.

B: Oh, that's great. Thanks.
오 좋네요. 감사합니다.

w011. mp3

| 11 | **I gotta** tell ya!
이 말은 해야겠네! |

주디의 주토피아 경찰서 출근 첫날. 경찰서 로비에서 처음 맞이한 동료는 먹는 것을 좋아하는 통통한 치타 '클로하우저'입니다. 최초의 토끼 경관 주디를 신기하면서도 귀엽게 바라보네요.

I gotta ~는 '~해야겠어, 해야 해'라는 의미입니다. 구어체에서는 〈have to + 동사원형〉을 〈have got to + 동사원형〉으로 많이 쓰는데요. 이마저도 have gotta 또는 gotta로 줄여서 쓰는 경우가 많죠. 그야말로 일상 생활에서 가볍게 쓰는 표현이기 때문에 중요한 문서나 비즈니스 메일 등에서는 사용에 유의하세요.

I gotta go my own way.
난 내 길을 가야겠어.

I gotta say what's on my mind.
마음 속에 있는 말을 해야겠어.

w012. mp3

| 12 | That poor little bunny**'s gonna get eaten** alive.
저 불쌍한 작은 토끼는 산 채로 잡아먹힐 텐데. |

클로하우저는 주디를 반갑게 맞아주지만 그녀가 자리를 뜨자 혼잣말로 저 작은 토끼가 산 채로 먹히겠다며 걱정 아닌 걱정을 하네요. 아무래도 주디가 작다고 한참 얕본 거겠죠?

going to를 미국 사람들은 gonna라고 편하게 발음하죠. 그래서 '~할 것이다'라는 의미의 〈be gonna + 동사원형〉과 '~해지다'라는 의미의 〈get + p.p.〉가 만나 〈be gonna get + p.p.〉가 되면 '~하게 될 텐데, ~하겠다'란 의미가 됩니다. 이때 과거분사 자리에는 형용사를 써도 되죠.

Somebody's gonna get hurt real bad today.
오늘 누군가는 심하게 얻어터질 텐데.

Hey, what a mess! Mom**'s gonna get mad**.
야, 엉망진창이잖아! 엄마 화내시겠다.

13	There are some **new recruits with us** I should **introduce**.
	신참들이 몇 와서 내가 소개해야 할 것 같은데.

주디는 설레는 마음으로 회의실로 들어서는데 동료들은 모두 그녀보다 덩치가 몇 배나 큽니다. 게다가 근엄하게 생긴 물소 '보고' 서장은 새로 온 신참들에게 관심도 없어 보이네요.

〈There are some + 명사 + I should ~〉는 '내가 ~해야 할 …가 몇 가지 있다'는 의미입니다. should는 조동사니까 뒤엔 당연히 동사원형이 와야겠죠? 반대로 '내가 ~하지 말아야 할 …가 몇 가지 있다'라고 하고 싶으면 〈There are some + 명사 + I should not ~〉으로 말하면 됩니다.

There are some **books** I should **read this week**.
이번 주에 읽어야 할 책들이 있어.

There are some **letters** I should **write this evening**.
오늘 저녁 때 편지를 몇 통 써야 할 게 있어.

14	You probably forgot, but **I was top of my class at the academy**.
	잊어버리셨나 본데, 저는 경찰학교를 수석으로 졸업했거든요.

사건 배정에 잔뜩 기대한 주디. 다른 동료들은 모두 중요한 임무를 맡아 자리를 떠나는데 주디에게 내려진 첫 임무는 주차 단속입니다. 이에 실망한 주디가 자기는 경찰학교 수석 졸업생임을 강조하네요.

다짜고짜 내 입장을 말하기 전에 You probably forgot, but ~ '아마 잊어버렸나 본데'라고 운을 떼면 상대방의 기억도 부드럽게 환기시키고 이어지는 말에 좀 더 힘이 실리기도 합니다.

You probably forgot, but **I once talked to you about her**.
아마 잊어버렸나 본데. 너한테 그 여자에 대해 얘기한 적 있잖아.

You probably forgot, but **I attended that meeting the other day**.
아마 잊어버리셨나 본데. 요전 날 회의에 참석했거든요.

w015. mp3

15	**So hit the road!**
	어서 꺼져!

주디는 주차 단속을 하다 의심쩍어 보이는 여우를 따라 코끼리 점보의 아이스크림 가게로 들어옵니다. 코끼리 사장은 무슨 이유에선지 여우 닉과 그의 아들을 모질게 대하며 가게에서 쫓아내려 하네요.

직역하면 '길을 쳐라!'이지만 '어서 꺼져'라는 어감을 가진 속어입니다. 미국의 유명한 스윙 재즈 *Hit the Road Jack*이라는 곡에서도 '당장 떠나/꺼져 잭'이라는 가사가 담겼죠. '길을 출발하다/떠나다'란 의미로도 사용되니 문맥에 따라 잘 해석해야 합니다.

Stop bothering me and hit the road!
나 그만 귀찮게 하고 어서 가!

Let's hit the road. There's a long way to go.
어서 출발하자. 갈 길이 멀구나.

w016. mp3

16	**Keep the change.**
	잔돈은 됐어요.

닉의 짠한 사정을 듣고 동정심이 발동한 주디는 식품 위생법을 들먹이며 닉이 하드를 살 수 있도록 거듭니다. 그런데 하필 닉이 지갑을 깜박했네요. 이에 또 선행을 베푸는 주디. 여우 아들의 하드 값을 지불하며 잔돈은 됐다고 합니다.

팁 문화가 발달한 문화권에서 자주 사용할 수 있는 표현입니다. 특히 택시나 슈퍼 등에서 현금을 지불하고 잔돈이 남을 때 '거스름돈/잔돈은 가지세요' 하는 의미로 이 표현을 쓸 수 있으니 잘 기억해 두세요.

A: Here we are. That'll be twenty-three dollars.
다 왔습니다. 23달러입니다.

B: Here. Keep the change.
여기요. 잔돈은 가지세요.

w017. mp3

17	**Can I pay you back?**
	돈을 갚아도 될까요?

주디가 닉의 속내를 모르고 하드 값을 지불합니다. 여우 부자는 감사 인사를 전하며 닉은 돈을 갚아도 될지 주디에게 묻네요.

직역하면 '내가 돈을 갚아도 될까요?'이죠. 즉, '돈을 갚겠다'는 말을 조심스럽게 한 거죠. 이렇듯 〈Can I + 동사원형 ~?〉은 상대에게 좋은 일을 해주고 싶을 때 '내가 ~해드려도 될까요?'란 의미로 쓸 수 있습니다. 뿐만 아니라 Can I have/get ~?의 형태로 상대에게 '~해주실 수 있어요?'라고 부탁할 때도 자주 쓰죠.

Can I help you?
도와드려도 될까요?

Can I have some more?
좀 더 주실 수 있어요?

w018. mp3

18	**You want to be an elephant when you grow up, you be an elephant.**
	넌 크면 코끼리가 되고 싶다고 했지. 너도 코끼리가 될 수 있어.

여우에게 이런 얘기를 하는 게 좀 우습지만, '뭐든 원하면 할 수 있다'는 모토로 살아온 주디는 어린 여우에게 희망과 꿈을 팍팍 실어 주는 말을 해줍니다. 그들의 정체도 모른 채…

You want to be ~, you be …는 '네가 ~가 되고 싶다면, …가 되라, 넌 그렇게 될 수 있다'란 어감의 표현입니다. If you want to be ~, be …에서 맨 앞의 If를 생략하고, 뒤의 be 앞에는 '넌 그렇게 될 수 있다'는 느낌을 강조하기 위해 you를 넣어준 거죠.

You want to be an artist, you be an artist.
화가가 되고 싶다면, 화가가 될 수 있어.

You want to be president, you be president.
대통령이 되고 싶다면, 대통령이 될 수 있어.

19	I've been **doing** this since I was born.
	난 태어날 때부터 이 짓을 했거든.

주디는 우연히 여우 부자의 사기 행각을 보게 되고 자기도 속았다는 생각에 크게 충격 받습니다. 이에 주디가 그를 체포하려 하지만 닉은 눈 하나 깜짝 안 하며 뻔뻔하게 대응합니다. 뛰는 주디 위에 나는 닉이네요.

앞서 〈I've been + -ing ~ for ...〉 '…년째 ~하고 있다' 패턴을 익혔는데요. '…적부터 ~을 하고 있다'라고 하고 싶을 땐 for 대신 since를 써서 〈I've been + -ing ~ since ...〉 패턴을 활용하세요. since 뒤에는 시점을 나타내는 명사뿐 아니라 〈주어 + 과거동사〉의 문장도 올 수 있습니다.

I've been **work**ing here since I was twenty.
난 스무 살 때부터 여기서 일했어.

I've been **liv**ing in Seoul since 1999.
난 1999년부터 서울에 살았어.

20	Tell me if **this story sounds familiar.**
	이런 얘기를 전에도 들었다면 말해 줘.

주디에게 뼈 때리는 얘기를 풀기 전, 이전에 이런 얘기 들은 적 있으면 (당연히 들은 적 있겠지) 말해 달라며 화두를 던지고 있습니다.

도움이 필요하면, 궁금한 게 있으면, 잘못된 게 있으면 말해 달라는 식의 표현, 평상시 쓸 일이 종종 있을 텐데요. 이럴 때 바로 〈Tell me if 주어 + 동사 ~〉 패턴을 씁니다. 전에 이미 했거나 중복된 얘기를 피하고 싶을 때도 닉처럼 이 패턴을 활용해 Tell me if this story sounds familiar.라고 본론에 들어가기 전에 말해 보세요.

Tell me if **I'm wrong.**
내가 틀렸으면 말해.

Tell me if **you need help.**
도움이 필요하면 말해.

21	Hang in there. 잘 버텨봐.

주디의 머리 위에서 그녀를 꿰뚫어 보는 듯한 닉. 주디의 인생을 줄줄 읊으며 그녀의 말문을 막히게 합니다. '어떻게 나를 이렇게 잘 알지?' 언젠가 주차 단속 관리자까진 될 수 있지 않겠냐며 잘 버텨보라고 비아냥대네요.

이 표현의 유래는 1970년대 어느 포스터에 담긴 문구에서 출발했는데요. 나뭇가지에 대롱대롱 매달린 새끼고양이 그림과 함께 Hang in there, baby! 문장이 담겼죠. 그 이미지처럼 '어떤 어렵고 절박한 상황에서도 참고 견뎌봐, 버텨봐' 할 때 쓸 수 있는 멋진 응원의 표현입니다.

A: Oh my, I just want to quit it. It's too hard.
오 맙소사, 그냥 이거 때려치우고 싶네. 너무 어렵잖아.

B: I know, but if you hang in there you'll get through it.
알아, 그래도 잘 버티면 이겨낼 수 있을 거야.

22	It's been a really long day. 정말 긴 하루였어요.

꼴사나운 여우 닉에게 크게 한 방 먹고 집에 돌아온 주디는 너무 비참한 기분입니다. 부모님과 화상통화를 하던 중 아빠는 주디가 주차 단속 일을 하는 것을 알아차리고 안도하지만 주디는 그저 속이 쓰려 빨리 통화를 끊고 싶을 뿐이네요.

보통 '긴 하루'라 하면 '피곤하고 힘든 하루'라는 의미가 담겨 있죠. 그래서 long day를 말 그대로 '긴 하루였어', '힘든 하루였어'라고 해석할 수 있습니다. day 말고도 뒤에 week, night 등을 대체해서 활용할 수 있어요.

A: Why didn't you wash the dishes?
왜 설거지 안 했어?

B: It's been a really long day, I need rest.
너무 힘든 하루였는데, 좀 쉬고 싶네.

w023. mp3

23 | Didn't you hear **her conversation?**
통화 소리 못 들었어?

아파트 방음이 전혀 안 되는 탓에 옆집 오릭스 커플이 하는 대화가 다 들리네요. 물론 그들도 주디의 통화를 다 들은 모양입니다. 옆집 주차 단속원이 세상이 끝난 것 같은 기분일 텐데 좀 냅두라고! 하는데 주디에게 전혀 위로는 안 되네요.

대화에서 Did you ~? '~했니?' 하며 과거 행위를 묻는 문장은 자주 접해 봤을 거예요. 부정의문문 Didn't you ~?도 마찬가지로 '~하지 않았니?'라며 단순 행위를 묻는 말이지만, 경우에 따라 '분명 ~했는데 아냐?'라며 살짝 나무라는 뉘앙스도 담을 수 있습니다. 따라서 Didn't you hear ~?라고 하면 단순히 '못 들었냐?'고 물을 때도 쓸 수 있고, '분명 ~했는데 너는 못 들었니? 넌 대체 뭐 하는 거야?'라며 나무라는 뉘앙스로도 쓸 수 있습니다. 물론 같은 말이라도 어떤 뉘앙스로 쓰냐에 따라 자연스럽게 말의 톤은 달라지겠죠.

Didn't you hear **that rumor?** 그 소문 못 들었어?

Didn't you hear **what the pilot said?** 조종사가 한 말 못 들었어?

w024. mp3

24 | Tomorrow's another day.
내일은 나아질 거야.

옆집 오릭스 커플이 아웅다웅 다투는 사이 우리의 희망 바라기 주디는 그럼에도 불구하고 '내일은 나아질 거야'라고 나직이 말합니다.

Tomorrow's another day.는 고전 명작인 '바람과 함께 사라지다(Gone with the Wind)'에 나오는 대사로 유명해진 말이죠. 그 영화에서는 멋지게 '내일은 내일의 해가 뜰 거야'라고 해석됐는데 폐허 속에서도 내일의 희망을 바라본 스칼렛 오하라처럼 주디도 같은 마음으로 뱉은 말이겠죠.

A: It's been a really long day. I'm so frustrated.
오늘 정말 힘든 하루였어. 정말 짜증나네.

B: Cheer up, buddy. Tomorrow's another day.
힘내 친구. 내일은 나아질 거야.

w025. mp3

| 25 | **It might be worse!**
더 나쁠 수도 있어! |

주디는 겨우 힘을 짜내 내일은 나아지리라는 희망을 내뱉지만 이마저도 벽을 통해 옆집 청년이 '더 나쁠 수도 있다'며 찬물을 끼얹습니다.

It might be ~는 '~일지도 모른다, ~일 수도 있다'는 불확실한 미래를 말하는 표현입니다. be 뒤에는 형용사나 분사뿐 아니라 명사나 대명사도 넣어서 말해보세요.

It might be better than the original.
원래 거보다 더 나을 수도 있지.

Next time it might be you who suffers from the same kind of crime.
다음 번 범행의 대상이 네가 될 수도 있어.

w026. mp3

| 26 | **My mommy says she wishes you were dead.**
울 엄마가 경찰 아줌마가 죽어버렸으면 좋겠대요. |

새로운 하루를 기대하며 오늘도 부지런히 주차 티켓을 끊고 있는 주디. 하지만 삶은 그리 호락호락하지 않네요. 여기저기 민원인들의 불만이 속출하고 있습니다.

현실이 마냥 달갑지만은 않을 때 그것을 바꿀 수는 없어도 이랬으면 좋을 텐데 하며 바람을 나타내곤 하죠. 〈주어 + wish ~〉는 바로 그럴 때 쓰는 표현입니다. wish 뒤에 주어가 바라는 사실을 완전한 문장으로 말하면 되는데, 이때 동사는 항상 과거로 쓰되, be동사는 were를 써야 합니다.

She wishes you were her brother.
그 애는 네가 자기 오빠면 좋겠대.

She wishes he were more social.
그 여자는 그 남자가 좀 더 사교적이었으면 좋겠대.

w027. mp3

> **27** | **Hate to disagree with you.**
> 의견에 토를 달고 싶진 않지만요.

주차 단속 중 우연히 주디는 족제비의 갈취 사건에 휘말리고 긴박한 추격전 끝에 족제비를 체포하는 데 성공합니다. 하지만 그녀의 임무를 벗어난 행동이었기에 보고 서장의 추궁을 듣게 되네요.

의견을 주고받 상대방의 의견에 동의하지 않는다고 말할 때 직설적으로 '당신 의견에 동의하지 않아요'라고 말하기보다 '토를 달고 싶지 않지만, ~하고 싶지 않지만'처럼 I hate to를 앞에 붙이면 분위기가 더 부드러워질 수 있습니다. I를 생략하고 Hate to라고 말하는 경우도 많죠. 보통 Hate to ~ 다음에 진짜 하고 싶은 말은 but이라고 한 다음 이어줍니다.

Hate to cause trouble, but I ordered this well done.
문제를 일으키고 싶지 않지만, 전 완전 익혀 달라고 주문했는데요.

I hate to interrupt, but I have to leave now.
방해하고 싶진 않은데, 제가 지금 떠나야 해서요.

w028. mp3

> **28** | **Mrs. Otterton's here to see you again.**
> 오터톤 부인이 또 찾아왔는데요.

보고 서장의 잔소리에도 물론 주디는 지지 않습니다. 이리저리 반박하며 서장의 화를 돋우네요. 이때 인터폰을 통해 클로하우저의 목소리가 들립니다.

〈be here to + 동사원형〉은 '~하러 여기 왔다'는 의미입니다. 그래서 '누가 ~하러 왔습니다'라고 알려줄 때는 〈사람 + is here to ~〉라고 하면 되고, 내가 여기 온 용건을 말할 때는 I'm here to ~라고 말하면 되죠.

She's here to support you.
그녀가 당신을 지원해 주려고 왔습니다.

He's here to see his daughter.
그 남자가 자기 딸을 보려고 왔어요.

w029. mp3

| 29 | **As I've told you, we are doing everything we can.**
제가 말씀 드렸지만, 저희는 최선을 다하고 있습니다. |

수달 오터톤 부인이 이미 몇 차례 경찰서를 찾아 온 것으로 봐선 뭔가 심각한 문제가 있나 봅니다. 서장은 그저 최선을 다하고 있다며 그녀의 방문을 다소 껄끄러워하고 있네요.

누차 얘기를 했는데도 상대가 그 사실을 간과한다거나 미심쩍어하는 것 같으면 As I've told you라고 한 다음, 그 사실을 다시 한번 얘기하면 됩니다. 이때 As I've told you는 '예전에도 말했다시피, 말씀 드린 대로'라는 의미이죠.

As I've told you, my mother is in poor health.
제가 말씀 드렸잖아요. 저희 엄마 건강이 안 좋으시다고요.

As I've told you, your secrets are safe with me.
내가 말했잖아. 네 비밀은 보장해.

w030. mp3

| 30 | **You've always got a friend at City Hall.**
시청에 언제나 친구가 있다는 걸 명심해요. |

오터톤 부인은 실종된 남편을 찾고 있고 그녀의 안타까운 사정에 주디가 오지랖 부리며 자기가 찾겠다며 나섭니다. 이런 일을 신입 경관에게 맡길 리 없는 서장은 그녀의 경솔한 행동을 나무라며 취소를 종용하지만 그 와중에 시청에서 온 벨웨더 보좌관이 주디의 말에 힘을 실어 주네요.

유명한 팝송에도 *You've Got a Friend*라는 곡이 있고, 여러분이 잘 아는 '토이 스토리' OST에도 *You've Got a Friend in Me*라는 곡이 있죠. '네게는 친구가 있어, 난 너의 친구야'라는 의미로 기억하기 쉽겠죠?

A: Don't forget you've got a friend in New York.
여기 뉴욕에 네 친구가 있다는 거 잊지 마.

B: Thank you for saying so.
그리 말해 줘서 고마워.

w031. mp3

> **31**   That is the smallest **case file** I've ever seen!
> 그렇게 아무것도 없는 파일은 처음이라니까!

얼떨결에 오터톤 씨 실종 사건을 맡은 주디는 보고 서장이 제시한 48시간 시한을 조건으로 사건 해결에 돌입합니다. 하지만 사건 관련 파일은 딸랑 종이 한 장뿐이고 단서가 너무 부족하네요.

직역하면 '그건 지금까지 내가 본 중에서 제일 작은 사건 파일이야'로, 사건 파일에서 건질 만한 내용이 없는 경우는 처음 본다는 말입니다. 이처럼 〈That is the + 최상급 ~ I've ever seen〉을 이용하면 '그렇게 ~한 건 처음 본다'는 자신의 생각을 나타낼 수 있어요. 최상급 앞에는 the를 써야 하는 것 기억하세요.

That is the biggest **mountain** I've ever seen.
그렇게 큰 산은 처음 봐.

That is the most **interesting movie** I've ever seen.
이렇게 재미있는 영화는 처음 봐.

w032. mp3

> **32**   Then we'll have to do this **the hard way**.
> 그러면 좀 험악한 방법으로 가야겠네.

오터톤 씨 실종 관련 사진에서 닉과 관련된 작은 단서를 발견한 주디는 그를 찾아갑니다. 닉에게 도움을 청하지만 그가 비협조적으로 나오자 주디는 '험악한 방법'을 써야겠다고 하네요.

hard는 '딱딱한, 어려운'의 대표 뜻이 있는데요. 이 장면에서는 주디가 처음에 공손히 도움을 청하지만 닉이 협조를 안 하니 '좋은 말로 하니 안 되겠네, 험악하게(안 좋은/어려운 방법으로) 가야겠다'고 태세를 바꾸죠. 즉 the hard way는 '좀 험한/힘든 방법으로', '어렵게 고생하며'라는 의미를 담고 있습니다.

He insisted on doing things **the hard way**.
그는 그걸 굳이 어려운 방법으로 하겠다고 고집했어.

I learned that lesson **the hard way**.
난 그 수업을 정말 어렵게 배웠어.

w033. mp3

33	**It's my word against yours.**
	누가 들은 사람이 있어?

주디의 '험악한 방법'은 닉을 탈세 혐의로 옭아매는 것이었죠. 주디의 천재적인 곱셈 실력으로 탈세 금액을 제시하자 천하의 닉도 당황하며 증거가 있냐고 발뺌하려고 합니다.

yours는 your word입니다. 직역하면 '내 말과 네 말이 대립되어 있는 형국이다'인데, 증인이 없다는 의미로 '누가 들은 사람이 있어? 너밖에 없잖아'라고 자연스럽게 해석할 수 있어요. 문맥에 따라 '누가 네 말을 믿겠니'라고도 쓸 수 있습니다.

A: I'm going to report this to the personnel department.
전 이걸 인사팀에 보고하겠어요.

B: Go ahead. It's my word against yours.
그러시던가요. 누가 당신 말을 믿겠어요.

w034. mp3

34	**You're the boss.**
	네 마음대로 해.

증거가 있냐는 닉의 발뺌에 주디는 그의 목소리가 담긴 녹음 펜을 들이밀며 결국 닉을 이 사건으로 끌어들이는 데 성공합니다. 이제 닉은 꼼짝없이 주디가 시키는 대로 따라야겠죠.

'너는 나의 보스다'는 말 그대로 '당신은 내 대장이니 당신 말을 따를게요, 당신 뜻대로 할게요'라는 의미입니다. 문맥에 따라 '너 잘났다, 너 맘대로 해'라고 비꼬는 어감이 담길 수도 있죠. 참고로 You're a boss.는 무슨 일을 잘 했을 때 '너 정말 잘한다, 끝내준다'라고 해석합니다.

A: I like the first sample. How about you, John?
난 첫 번째 샘플이 좋은데. 어때요 존?

B: Well, I agree with you. You're the boss.
음. 저도 동의해요. 당신 뜻에 따라야죠.

35	I am looking for a missing mammal, Emmitt Otterton who may have frequented this establishment.
	에밋 오터톤이라고 실종된 포유류를 찾고 있는데, 이곳에 자주 왔을 수도 있거든요.

오터톤 씨를 찾기 위해 주디와 닉이 함께 방문한 곳은 '신비의 샘 오아시스'라는 독특한 자연주의 클럽입니다. '오옴' 소리에 맞춰 명상하는 야크 약스에게 방문 이유를 말하고 있네요.

I am looking for ~는 '~를 찾고 있다, 구하고 있다'는 의미입니다. for 뒤에 찾는 사람이나 사물을 말해주면 되는데요, 그것에 대해 더 구체적으로 설명하고 싶다면 〈I'm looking for + 사람 + who (주어) + 동사 ~〉 또는 〈I'm looking for + 사물 + that (주어) + 동사 ~〉로 말하면 됩니다.

I am looking for a person who wants to grow with our company.
당사와 함께 성장하고 싶어 하는 사람을 찾고 있습니다.

I am looking for people who are willing to show me the ropes.
기꺼이 노하우를 알려 주는 사람들을 찾고 있습니다.

36	I'd be happy to take you back.
	뒤쪽으로 안내할게.

머리에 파리들이 사방으로 들끓는 약스는 오터톤 씨에게 요가를 가르치던 선생과 얘기해 보라며 주디와 닉을 뒤쪽 공간으로 안내합니다.

〈I'd be happy to + 동사원형 ~〉은 '~해드리게 된다면 기쁘겠습니다'라는 의미로 기쁜 마음으로 상대에게 뭔가를 해주겠다는 뜻을 전달할 때 쓸 수 있어요. I'll take you back.이라고 할 때보다 공손하고 부드러운 어감입니다. 손님 접객이나 호텔 등에서 쓰면 좋은 표현이겠죠.

I'd be happy to show you around here.
이곳을 구경시켜 드리죠.

I'd be happy to help you learn Korean.
한국어 배우는 걸 도와드리죠.

37	**I can't run the plate.**
	난 번호판을 조회할 수 없어.

약스의 엄청난 기억력 덕분에 오터톤 씨가 실종 전 입고 있던 의상과 그가 타고 갔던 자동차 번호판까지 매우 중요한 정보를 얻어냅니다. 자동차 번호판을 조회해야 그 행방을 찾을 수 있는데 문제는 주디가 아직 경찰 등록이 안 돼서 번호판을 조회할 수 없는 상황이네요.

run은 '뛰다'라는 대표 뜻 외에 의미가 다양한 단어 중 하나인데요. run a plate는 컴퓨터 등을 이용해 '번호판을 검색하다, 조회하다'란 의미입니다. 컴퓨터나 기계가 '작동(실행)한다'고 할 때도 run을 쓰는 것 기억하세요.

I need you to run a license plate.
자동차 번호판 조회가 필요합니다.

My computer suddenly starts running slow.
내 컴퓨터가 갑자기 느리게 실행되기 시작했어.

38	**Flash is the fastest guy in there.**
	플래시라는 친구는 여기서 엄청 빨라.

한시바삐 번호판 조회가 필요한 주디에게 닉은 의미심장한 미소를 지으며 포유류 차량국에 있는 친구를 소개하는데요. 그곳에서 엄청 빠르다고 하네요. 기대해 봐도 될까요?

'어디서 누가 가장/제일 어떠하다'라고 하려면 최상급을 써서 〈사람/동물/사물 + is the + 최상급 ~ in + 어디〉로 나타내면 됩니다. 최상급 앞에는 the를 쓰는 것 잊지 마세요.

Who is the brightest girl in your class?
너희 반 여자아이 중에서 누가 가장 총명해?

He thinks he is the smartest guy in the room.
그는 자기가 그 방에서 제일 똑똑하다고 생각해.

w039. mp3

39	**We are really fighting the clock and every minute counts.**
	우린 정말 시간과 싸우고 있으니까, 일분일초가 중요하지.

닉이 차량국에 플래시라는 빠른 친구가 있다고 하니 주디는 다행이라고 여기며 지금 한시가 급한 상황이라며 잔뜩 기대하는데…

시계와 싸우고 있다는 말은 결국 '시간과 싸우고 있다'는 뜻이죠. 긴박한 상황을 비유적으로 표현한 것입니다. 문장 끝의 count는 '계산하다'가 아니라 '중요하다'란 뜻입니다. 직역하면 '매 분이 중요하다' 즉 '1분 1초가 중요하다'라고 자연스럽게 해석할 수 있어요.

His opinions count for much.
그의 의견은 매우 중요합니다.

Every score in this game counts.
이 경기에서 모든 점수가 중요합니다.

w040. mp3

40	**We're in a really big hurry.**
	정말 급하거든요.

맙소사, 차량국의 직원들은 모두 나무늘보뿐이네요. 일분일초가 중요한 주디에게 나무늘보 직원이라니! 닉의 소심한 복수가 아닐까 싶네요. 나무늘보 플래시에게 조회를 요청하지만 플래시는 세월아 네월아 아주 천천히 일을 처리하며 주디의 속을 태웁니다.

be in a hurry는 very quickly와 같은 의미로 '급하다'라는 뜻인데, really big를 넣어 정말 급한 상황을 강조했습니다. 반대로 '천천히 해, 서두를 필요 없어'라고 말할 때는 Take your time, there's no rush.라고 말할 수 있죠.

Could you please hurry up? I'm in a hurry.
좀더 서둘러 가주시겠어요? 제가 급해서요.

Why are you in a hurry? Calm down.
왜 이리 서둘러? 침착해.

w041. mp3

> **41**　**We gotta beat the rush hour.**
> 　　　러시아워를 피해야 하니까.

차량국에서 역대급으로 느린 번호판 조회를 마치고 나오며 주는 러시아워를 피해야 하니 서두르자고 합니다. 그런데 밖을 나오니 웬걸? 벌써 밤이네요!

beat은 '이기다, 때리다/두드리다(hit)'라는 뜻 외에도 '피하다(avoid)'라는 의미가 있는데, 위 문장에서는 후자의 의미로 쓰였습니다. 또, '교통이 막히는 혼잡한 출퇴근 시간대'를 rush hour라고 하는데요, 이 표현은 우리말로도 '러시아워'라고 그대로 쓰이고 있죠.

I got up early and went to a farm to beat the heat.
더위를 피하기 위해 일찍 일어나 농장으로 갔어.

The accident happened during the morning rush hour.
아침 혼잡 시간에 사고가 일어났어.

w042. mp3

> **42**　**I will betcha you don't have a warrant to get it in.**
> 　　　수색영장은 없을 거 아냐.

차량국을 떠나 다음으로 향한 곳은 오터톤 씨가 마지막으로 탄 차량이 있는 툰드라 타운의 리무진 서비스 센터입니다. 밤이라 이미 문은 굳게 닫혔고 수색영장도 없이 저 안에 들어갈 길이 막막하네요.

You don't have A는 '너한텐 A가 없다'는 의미인데, 여기서 더 나아가 '~하는 데 필요한 A가 없다'라고 말하고 싶다면 뒤에 〈to + 동사원형〉만 붙여주면 됩니다. I will becha는 I will bet you를 소리 나는 대로 표기한 것으로 I am sure와 같은 뜻이라는 것도 알아두세요.

You don't have the money to pay all your taxes now.
지금 네 세금을 다 낼 돈은 없잖아.

You don't have the ability to save money.
넌 돈 모을 능력은 없잖아.

> **43**   Does seeing me **fail somehow** make you feel **better about your sad, miserable life?**
>
> 내가 왕창 깨지면 네 그 찌질한 생활이 좀 나아지니?

주디와 닉은 함께 수사를 하고 있지만 닉은 여전히 어떻게든 빠져나올 궁리만 하며 시큰둥한 태도를 보이고 있습니다. 이에 주디가 화가 나 하는 말이에요.

〈Does seeing me + 동사원형 ~ make you feel + 형용사?〉는 '내가 ~하는 것을 보면 네 기분이 ~하니?' 란 의미입니다. 보통 형용사 자리에는 good이나 better를 써서 '내가 ~하는 걸 보면 (기분이) 좋니/나아지니?'처럼 비꼬거나 책망하는 듯한 뉘앙스로 쓸 때가 많습니다.

Does seeing me look bad make you feel good?
내가 안 좋아 보이면 넌 기분이 좋니?

Does seeing me fall apart make you feel better about yourself?
내가 정신적으로 무너지는 걸 보면 너 자신이 좀 나아 보이니?

> **44**   Wish I could've **helped more.**
>
> 더 도와주면 좋았을 텐데.

수색영장도 없이 이제 여기서 수사를 포기하게 되는 건가요? 닉은 내심 그걸 바랐던 듯 '더 도와주면 좋았을 텐데'라고 맘에도 없는 소리를 하며 주디가 던진 녹음 펜을 주우려고 하는데··

〈I wish I could've + p.p. ~〉는 '내가 ~할 수 있었으면 좋았을 텐데, 그러질 못했네'라는 어감의 표현이에요. 안타까움을 나타내는 거죠. 물론 속으론 아무렇지도 않으면서 예의상 이런 식의 표현을 할 때도 있고요, 닉처럼 상대를 살살 약 올릴 심산으로도 이런 표현을 쓸 수 있죠. 구어체에서는 주어 I를 생략하고 말할 때도 많습니다.

I wish I could've been there with you.
너랑 함께 갈 수 있었으면 좋았을 텐데.

I wish I could've kept in touch with you.
너랑 계속 연락하고 지냈으면 좋았을 텐데.

w045. mp3

> **45** | **The thing is you don't need a warrant if you have probable cause.**
> 중요한 건 말이야, 상당한 근거가 있으면 영장이 필요 없다는 거야.

이제는 닉의 머리 꼭대기에 있는 주디. 상당한 근거가 있으면 영장 없이도 수색이 가능하고 닉보다 더 빠르게 펜스를 뛰어 넘어 펜을 주울 수 있는 주디의 능력을 닉은 몰랐던 모양이네요.

어떤 얘기를 죽 늘어놓다가 '그런데 중요한 건 말이야' 하면서 결정적인 얘기를 꺼낼 때, 바로 The thing is 라고 한 다음에 그 결정적인 얘기를 완전한 문장으로 말해줄 수 있습니다.

The thing is I don't know anything about her.
중요한 건 말이야. 난 그 여자에 대해 아무것도 모른다는 거야.

The thing is you don't care about my feelings.
중요한 건 말이야. 넌 내 감정 같은 건 신경도 안 쓴다는 거야.

w046. mp3

> **46** | **You ever seen anything like this?**
> 저런 걸 본 적이 있니?

주디와 닉은 오터톤 씨가 탔던 차를 발견하고 문을 열어 단서를 찾기 시작합니다. 닉이 차량 뒤칸 칸막이를 열자 발톱으로 여기저기 찢어진 뒷좌석 모습이 보이네요.

'너 ~을 한 번이라도 (동사/경험)해 본 적 있니?'라고 과거의 경험을 묻는 유용한 문장입니다. 위 문장은 앞에 Have가 생략되었고요, 〈Have you ever + p.p. ~?〉 패턴으로 ever을 빼도 의미가 통하지만 '한 번이라도, 참으로'라는 강조의 의미가 담겼으니 통으로 익혀두면 좋습니다.

Have you ever watched the sunset over the ocean?
바다 위의 석양을 본 적 있니?

Have you ever been to Europe?
너 유럽에 가 본 적 있니?

w047. mp3

47	And speaking of no see, how about you forget you saw me?
	이왕 서로 못 보고 살았으니까, 오늘 날 본 걸 잊어버리는 게 어때?

차에서 단서를 찾던 중 그곳에 있는 물품들을 보고 닉은 그 차 주인이 무서운 조직 두목임을 알아차리고 급히 떠나려 합니다. 하지만 한발 늦어 두목의 부하들에게 잡히고 마네요.

'~라는 말이 나온 김에, 그 말이 나와서 하는 말인데' 하고 말할 때 Speaking of ~라는 표현을 씁니다. 이 문장 바로 앞에 Long time no see.라고 말하는데 Speaking of 뒤에는 바로 앞에 나온 단어나 이름, 문장을 그대로 붙일 수 있고 Speaking of which(말이 나와서 말인데)로도 쓸 수 있어요.

And speaking of birthdays, mom's is next Friday. Don't forget!
생일 얘기가 나와서 말인데, 엄마 생일 다음주 금요일이야. 잊지 마!

Speaking of Alice, where is she now?
앨리스 얘기가 나와서 말인데, 그녀가 지금 어디 있지?

w048. mp3

48	And how did you repay my generosity?
	그런데 자네는 어떻게 그리 배은망덕할 수 있지?

주디와 닉은 무시무시한 조직 두목, '미스터 빅' 앞에 끌려갑니다. 마치 영화 대부(The Godfather) 분위기에서 두목의 정체가 밝혀지는데 그는 커다란 북극곰이 아닌 작은 땃쥐네요. 그리고 닉과 미스터 빅의 악연이 밝혀집니다.

직역하면 '내가 아낌없이 베푼 것(my generosity)에 넌 어떻게 갚았냐(repay)?'며 질책하는 거죠. How did you ~? '어떻게 ~했어?'는 이처럼 누군가를 원망하거나 나무랄 때도 쓸 수 있고, 말 그대로 어떻게 했는지 궁금할 때도 쓸 수 있습니다.

How did you get her attention so fast?
어떻게 그렇게 빨리 그 여자의 관심을 얻었냔 말이지?

How did you hear about us?
어떻게 우리에 대한 소식을 들었던 거야?

w049. mp3

49 | What's with the costume?
그 복장은 또 뭐야?

미스터 빅은 닉의 배은망덕한 과거 행동을 추궁하는데 뒤늦게 그의 옆에 있는 주디를 발견하고 누군지 묻습니다. 주디가 경찰이라는 건 생각도 못하고 경찰복을 입은 배우라고 생각하는 군요.

누군가의 복장이나 상태, 상황 등이 평소와 다르거나 정상적이지 않아 보일 때 '머리가 그게 뭐야? 왜 그래?' 이런 식으로 말하죠. 여기에 해당되는 영어 표현이 바로 What's with ~?입니다. with 뒤에는 사람 말고도 날씨, 물건 등 다양한 명사가 올 수 있어요.

What's with the fancy suit?
그 화려한 정장은 뭐야?

What's with your hair?
머리가 그게 뭐야?

w050. mp3

50 | I'm going to find out what you did to that otter if it's the last thing I do.
난 세상이 두 쪽이 나도 당신이 그 수달한테 무슨 짓을 했는지 밝혀낼 거예요.

미스터 빅 앞에서 닉은 주디가 경찰이 아닌 마임 배우라고 얼버무리려고 하지만, 주디는 똑 부러지게 자기 소개를 하고 수사를 계속하겠다는 의지를 밝히네요.

if it's the last thing I do '이게 내가 하는 마지막 일이 될지라도'라는 말은 결국 하늘이 무너지든, 세상이 두 쪽이 나든 그 일을 하고 말 거라는 강한 의지를 나타내는 거죠. 그럴 때 〈I'm going to + 동사원형 ~ if it's the last thing I do〉 패턴을 써보세요.

I'm going to write a story about your life if it's the last thing I do.
세상이 두 쪽 나도 난 네 인생에 대한 이야기를 쓸 거야.

I'm going to take you out of this place if it's the last thing I do.
세상이 두 쪽 나도 난 이곳에서 널 빼낼 거야.

w051. mp3

| 51 | That's why I sent that car to pick him up.
그래서 그를 데려오라고 차를 보냈던 거야. |

얼마 전 주디가 미스터 빅의 딸 '프루 프루'의 생명을 구해준 인연 덕에 주디와 닉은 죽음의 문턱에서 벗어납니다. 미스터 빅은 은혜를 갚는 의미로 그의 원예사 오터톤 씨의 마지막 행로를 알려 줍니다.

〈That's why 주어 + 동사 ~〉는 이유를 먼저 말한 다음, '그래서 ~하는 거야'라고 말할 때 필요한 패턴입니다. 반대로 결과를 먼저 말한 다음, '그건 ~하기 때문이야, ~하기 때문에 그러는 거야'처럼 말하고 싶을 땐 〈That's because 주어 + 동사 ~〉로 말하면 되죠.

That's why they sold their house and moved to London.
그래서 걔들이 집을 팔고 런던으로 이사했구나.

That's why you're always on my mind.
그래서 넌 항상 내 마음에 있는 거야.

w052. mp3

| 52 | Only he can tell you more.
더 이상 얘기해 줄 수 있는 사람은 그 친구밖에 없어. |

미스터 빅이 알려준 단서는 오터톤 씨를 데려오라고 보낸 재규어 운전 기사 만차스입니다. 그가 오터톤 씨를 본 마지막 목격자이기 때문이죠.

〈Only 주어 + can ~〉 하면 '주어만이 ~할 수 있다'이므로 결국 '~할 수 있는 이는 오로지 주어밖에 없다'는 의미인 거죠. Only가 문장 앞으로 오면 강조의 뉘앙스가 있습니다.

Only you can help me with this.
이 일을 도와줄 수 있는 사람은 너밖에 없어.

Only she can make us smile.
우릴 미소 짓게 하는 사람은 그 여자애밖에 없어.

| 53 | Are you familiar with Gazelle?
가젤 잘 알아? |

주디와 닉은 오터톤 씨의 정보를 얻으러 운전 기사 만차스를 찾아가는데 그는 갑자기 야수로 돌변해 그들을 공격합니다. 만차스에 쫓기며 주디가 급히 무전을 치지만 클로하우저는 가수 가젤에 빠져 있네요.

〈be familiar with + 사람, 사물 등〉은 '~에 대해 잘 알고 있다, ~에 정통하다'는 의미로 with 뒤에는 사람 외에도 기술, 학문 등 다양한 주제가 올 수 있습니다. 비슷한 표현으로 be familiar to가 있는데 to 뒤에는 '사람'이 와서 '무엇을 누가 잘 알고 있다'라고 해석할 수 있어요.

He's familiar with this new program.
그는 이 새로운 프로그램을 잘 알아요.

I'm not familiar with that place.
저는 그 지역을 잘 몰라요.

| 54 | I can tell you're tense, so I'm just gonna give you a little personal space.
네 신경이 좀 날카로워진 것 같으니 좀 떨어져 있어야겠어. |

만차스에 쫓기다 닉은 그에게 공격 당할 위험에 처하고 그때 주디가 만차스의 뒷발에 수갑을 채워 닉이 위기를 모면합니다.

tell을 '말하다'라고 알고 있을 텐데요. 이 문장에서는 어떤 것을 '구별해서 알다'는 의미로 쓰였습니다. 따라서 어떤 상황인지 '내가 알겠다, 분별할 수 있겠다'라고 말하고 싶을 땐 〈I can tell 주어 + 동사 ~〉를 활용할 수 있어요. 사생활을 중요시하는 미국 등 서양 문화권에서 '개인 공간/거리'를 의미하는 단어, personal space도 기억해 두세요.

I can tell she's about to cry.
그 여자애가 울음을 터뜨리려고 한다는 걸 알겠어.

I can tell you're leaving.
네가 떠나려고 한다는 걸 알겠어.

w055. mp3

> **55** | **That's what we do at the ZPD.**
> 우리 주토피아 경찰들이 당연히 해야 하는 일이지.

재규어 만차스를 겨우 수갑으로 붙들어 놨지만 그가 몸부림치는 통에 둘은 미끄러 떨어져 주디는 간신히 넝쿨을 쥐고 다른 한 발은 닉을 잡고 있네요. 아래는 까마득한 낭떠러지지만 주디의 기지로 넝쿨이 우거진 곳으로 무사히 몸을 날립니다.

〈That's what 주어 + 동사 ~〉는 '그게 바로 ~한 거야'라는 의미입니다. That's exactly what ~의 형태로도 많이 쓰이는데요, 중간에 이렇게 exactly를 넣으면 '바로, 딱, 정확히' 그렇다는 어감이 강조되죠.

That's what you have to do.
그게 바로 네가 해야 할 일이야.

That's what she suggested that I should read.
그게 바로 그 여자가 나한테 읽어보라고 한 거야.

w056. mp3

> **56** | **It's way bigger.**
> 훨씬 더 심각한 사건이에요.

주디와 닉을 구하러 보고 서장과 경찰 기동대가 도착하고 주디는 재규어를 묶어둔 곳으로 향하며 사건의 심각성을 서장에게 설명하고 있습니다.

way는 명사로 '길, 방법'이란 뜻이고, 부사로는 '아주 멀리, 훨씬'이라는 뜻입니다. 위 문장은 way가 부사로 쓰여 '훨씬 더 큰 사건이다'라는 의미랍니다. 〈It's way (too) + 형용사〉 패턴으로 big, long, loud 등 다양한 형용사를 넣어 연습해 보세요.

A: It costs 100 dollars to attend the conference.
그 컨퍼런스 참가하는데 100달러나 들었어.

B: What?! It's way too expensive.
뭐라고?! 그거 너무 비싼데.

57	**I'm not the only one who saw him!**
	재규어가 그러는 걸 저만 본 게 아니에요!

보고 서장은 재규어가 야수로 변했다는 사실도 믿지 않고 설상가상으로 수갑을 채워둔 만차스가 사라지고 없네요. 주디는 자기만 그것을 본 게 아니라며 닉을 끌어들입니다.

이렇게 〈I'm not the only one who + 동사 ~〉은 '나만 ~하는 게 아니다'라며 상대에게 자신의 말이나 입장을 전할 때 쓸 수 있습니다.

I'm not the only one who's not afraid of them.
저만 그 사람들을 무서워하지 않는 게 아닙니다.

I'm not the only one who witnessed the accident.
그 사건을 저만 목격한 게 아닙니다.

58	**No wonder she needed to get help from a fox.**
	주디가 여우한테 도움을 청한 것도 무리가 아니죠.

이틀 동안 오터톤 씨를 찾지 못하면 경찰 일을 관두는 조건에 보고 서장은 주디에게 배지 반납을 요구합니다. 이를 보고 닉은 서장에게 조목조목 반박하며 끝까지 수사하겠다는 의지를 피력합니다.

wonder는 '이상한 일, 의아한 일'이란 의미예요. 그래서 〈No wonder 주어 + 동사 ~〉는 '~해도 이상한 일이 아니야, ~해도 무리가 아니야'라는 의미가 되죠. 누군가의 특수한 상황이나 입장이 이해될 때 쓰기 좋은 표현입니다.

No wonder he needed to leave that place.
그 남자가 그곳을 떠나야 했던 것도 무리는 아냐.

No wonder they needed to hire people very quickly.
그 회사가 사람들을 급하게 채용해야 했던 것도 무리는 아냐.

w059. mp3

> **59** | **All I wanted to do was** join the Junior Ranger Scouts.
> 난 그냥 어린이 레인저 스카우트에 들어가고 싶었는데.

보고 서장을 뒤로하고 케이블카를 타고 둘만의 조용한 시간을 갖는 주디와 닉. 뻔뻔하고 사기에 능한 닉은 웬일인지 자기 옛 이야기를 꺼냅니다.

All I wanted to do was ~는 '내가 하고 싶었던 것은 그것뿐이었다'라는 의미입니다. 일상 대화에서도 많이 쓰이지만 노래 제목, 가사나 고백할 때 특히 이 표현이 많이 활용되기도 한답니다. 과거에 바랐던 일이라 시제 일치로 was가 오죠. to do를 생략해서 All I wanted was ~라고도 쓸 수 있습니다.

All I wanted to do was to help her.
난 그냥 그녀를 도우려고 했을 뿐이에요.

All I wanted was a promotion.
제가 원한 건 승진뿐이었어요.

w060. mp3

> **60** | **There's no point trying to** be anything else.
> 다른 게 되려고 애쓰지 말자.

어린 시절 스카우트에서 다른 동물들에게 괴롭힘을 당한 쓰라린 경험이 있는 닉은 그 이후로 '절대로 남에게 만만하게 보이면 안 되고, 다른 게 되려고 애쓰지 않겠다'는 다짐을 했다고 말합니다.

'해 봤자 아무 소용없다'는 말을 영어로는 〈There's no point + -ing ~〉라고 표현합니다. 그래서 '~하려고 하다'는 의미의 〈try to + 동사원형〉과 결합하면 There's no point trying to ~가 되어 '~하려고 해 봤자 아무 소용없다'는 의미가 되죠.

There's no point trying to be something you're not.
너답지 않은 것이 되려고 해 봤자 아무 소용없어.

There's no point trying to be perfect in this world.
이 세상에서 완벽해지려 해 봤자 아무 소용없어.

61	**I doubt** Chief Buffalo Butt **is gonna let you** into it now.
	그 물소 서장이 허락해 줄지 모르겠네.

케이블카를 타고 가다 닉은 도시 아래 복잡한 도로를 바라보며 재규어의 행방을 찾을 수 있는 방법을 찾아냅니다. 바로 '교통 카메라'죠. 하지만 그것을 확인할 권한이 없는 게 또 다른 문제네요.

과연 그런 일이 일어날지 '의심스럽다'고 말하고 싶을 때 〈I doubt 주어 + 동사 ~〉 패턴을 활용해 보세요. 특히 I doubt 뒤에 올 문장으로 〈주어 + is gonna let you ~〉를 이으면 '과연 주어가 ~하게 해 줄지 의심스럽다'는 의미가 됩니다. let you 뒤에는 in, into 등의 전치사도 올 수 있지만 동사원형도 올 수 있습니다.

I doubt she's gonna let you in.
그 여자가 널 들여보내 줄지 의문이다.

I doubt he's gonna let you know the truth.
그 남자가 너에게 진실을 알려 줄지 의문이다.

62	And **clear** my afternoon, I'm going out.
	그리고 오후 약속은 다 취소해. 나 외출하니까.

시청에서 라이언하트 시장은 그의 권위를 앞세우며 일정 취소를 요구합니다. 그를 수행하는 벨웨더 보좌관은 작고 여린 몸으로 많은 업무를 처리하며 시장의 뒤치다꺼리를 하고 있네요.

clear 하면 가장 먼저 떠오르는 뜻은 '치우다'겠죠. clear는 우리가 흔히 생각하는 '물건'을 치우는 것 외에도 위 문장처럼 눈에 보이지 않는 '일정'이나 '계획'을 없애는 즉, '취소하다'라는 의미로도 쓰입니다.

A: Could you **clear** your Saturday? We have an urgent meeting.
이번 토요일 일정 취소할 수 있나요? 급한 미팅이 생겼어요.

B: Well, I'll check my schedule.
글쎄요, 제 일정 확인해 볼게요.

w063. mp3

> **63** | Let me tell you **it was not a good day for me.**
> 운이 좋지 않은 날이었다고나 해야지.

벨웨더 보좌관의 비좁은 사무실에서 주디와 닉은 그녀의 도움을 받아 교통 카메라 영상을 확인하고 있어요. 벨웨더는 조잘조잘 시장 얘기를 하는데 잘 들어보면 은근히 돌려 까는 것 같네요.

Let me tell you는 '내가 말해 주겠다/알려 주겠다'는 의미죠. 그래서 상대가 좀 알아줬으면 하는 일이 있을 때 Let me tell you라고 한 다음, 그 일을 문장으로 이어주면 '내가 말해두겠는데, ~는 …야'라는 어감의 말이 됩니다.

Let me tell you **I'm not a perfect woman.**
말해두겠는데, 난 완벽한 여자가 아니라고.

Let me tell you **I'm a huge fan of yours.**
말씀드리는데요, 전 당신의 광팬입니다.

w064. mp3

> **64** | Betcha **a nickel one of 'em's gonna howl.**
> 저 늑대들 중 하나가 울부짖는다는 데에 한 표를 찍지.

교통 카메라 영상 확인을 통해 재규어가 잡혀간 곳을 추적한 주디와 닉은 거기가 '클리프사이드 수용소'라는 것을 알아냅니다. 수용소 입구에는 무시무시한 회색늑대들이 보초를 서고 있는데 저기를 뚫고 들어갈 수 있을까요?

betcha는 bet you를 소리 나는 대로 표기한 것으로 bet은 '돈을 걸다'라는 사전적 의미가 있어요. 우리도 가끔 친구들과 '누가 ~하는 데 얼마 건다'라고 말하죠? 그래서 I bet ~은 '장담하다, 확신하다'라고 해석할 수 있고, 위 장면에서는 '한 표를 찍는다'고 의역했어요. 참고로 nickel은 미국 동전 단위로 5센트인데 우리나라 돈 가치로 약 60~70원 정도입니다.

I bet you **a dollar she'll get there before you.**
그녀가 너보다 거기 먼저 간다에 1달러 건다.

I bet you **can't eat all that food on your plate.**
너 그 음식 절대 다 못 먹을 것 같은데.

| 65 | After you, you're the cop.
너 먼저 들어가. 네가 경찰이잖아. |

주디와 닉은 수용소 안으로 몰래 들어가는데 그곳은 옛 병원 흔적이 있습니다. 으스스한 분위기에 닉이 앞서 문을 열다 대뜸 주디를 앞세우며 네가 경찰이니 먼저 들어가라고 하네요. 세상 뻔뻔한 닉도 무서움 앞에서는 어쩔 수 없나 봅니다.

미국 등 대부분 나라에서는 문 열고 들어갈 때나 교통 수단을 탈 때 여성이나 어르신, 약자 등을 배려하는 차원에서 '먼저 들어가세요/타세요' 하며 양보하는 문화가 있어요. 그때 쓰는 매너 있는 표현 After you.를 꼭 기억하세요. 위 경우처럼 억지로 떠미는 경우도 있지만, 자기보다 약자를 배려하며 이 표현 꼭 써보세요.

A: Can I pour you some juice?
주스 좀 따라 드릴까요?

B: Oh. No thanks, after you.
오 괜찮아요. 먼저 드세요.

| 66 | I don't want excuses, Doctor, I want answers.
변명은 집어치우고, 의사 선생! 난 해결책을 원한다고. |

주디와 닉은 잠입한 수용소에서 만차스와 오터톤 씨를 비롯한 다른 실종 포유류를 발견합니다. 그때 들리는 귀에 익은 목소리, 바로 라이언하트 시장과 오소리 의사가 심각한 대화를 나누고 있네요.

〈I don't want + 명사, I want + 명사〉라고 하면 '난 ~을 원하는 게 아니고, …를 원하는 것이다'라는 뜻입니다. 상대가 내가 진짜로 원하는 바를 모르고 자꾸 엉뚱한 방향으로 나간다 싶을 때 나의 원하는 바를 강조해 말할 수 있게 해주는 표현이죠. 어떤 행위나 동작에 대해 말하고 싶다면 명사 대신 〈to + 동사원형〉을 넣어 말하면 됩니다.

I don't want your money, I want your love.
난 네 돈을 원하는 게 아냐. 난 너의 사랑을 원해.

I don't want your help, I want your respect.
난 네 도움을 원하는 게 아냐. 네게 존중 받길 원해.

w067. mp3

> **67**   **It may be time to consider their biology.**
>
> 이 동물들의 본성에 대해서 생각해 봐야 할 시점인 것 같습니다.

둘의 대화를 엿듣다 보니 시장은 미친 동물들을 잡아 여기로 데려오는 일을 했고, 오소리 의사는 그 원인을 파헤치고 있는 것 같습니다. 의사는 동물들의 '본성'을 운운하며 얘기를 꺼냅니다.

〈It's time to + 동사원형 ~〉은 '~할 때가 됐다'는 의미로 여기 may를 살짝 끼워 넣으면 '~할 때가 아닌가 싶다, ~할 때인 것 같다'라고 어감이 살짝 변합니다. 여기서는 to 뒤에 '고려해 보다, 생각해 보다'라는 의미의 동사 consider를 넣어 말하는 연습을 해 볼 텐데요. consider 뒤에는 명사나 동명사가 옵니다.

It may be time to consider purchasing a new car.
새 차 사는 걸 생각해 봐야 할 시점인 것 같은데.

It may be time to consider going back to school.
복학을 생각해 봐야 할 시점인 거 같아.

w068. mp3

> **68**   **We need to come forward.**
>
> 공개해야 합니다.

오소리 의사는 '야수로 변하는 동물은 포식자뿐'이라며 그 사실을 대중에 공개해야 한다고 주장합니다. 이에 라이언하트 시장은 포식자 입장에서 자기 지위를 위협받을 수 있으니 당연히 반대하고 있네요.

〈주어 + need to〉는 특정 목표를 만족시키기 위해 필요한 것을 원할 때 쓰는 패턴이에요. '주어는 ~할 필요가 있다'라고 해석하고요. come forward라는 표현이 약간 생소할 수 있는데요. 이는 '좋은 의도로, 도움을 주기 위해 나서다'라는 의미로 위 장면에서도 '대중에 유익한 정보니 알려야 한다-'는 의도가 담겼습니다.

Many people came forward to help her.
많은 사람들이 나서서 그녀를 도왔어요.

Nobody has come forward with information about the accident.
아무도 그 사건에 대해 정보를 주려고 하지 않았어요.

w069. mp3

> **69** You have the right to **remain silent.**
> 당신은 묵비권을 행사할 권리가 있습니다.

주디의 엄마 아빠가 전화하는 바람에 수용소에 비상이 걸리고 우리에 갇힌 주디와 닉은 변기를 통해 강으로 탈출하는 데 성공합니다. 그리고 실종된 포유류를 구하고 라이언하트 시장의 체포까지 미션 클리어!

미드나 영화에서 범인을 체포하는 상황에 자주 들을 수 있는 표현입니다. right는 '권리'라는 의미로 〈have the right to + 동사원형〉은 '~할 권리가 있다'는 말이죠. 상대의 권리에 대해 얘기할 땐 주어를 You로 쓰고요. remain silent는 '침묵을 지키다'라는 뜻인데 법정 용어로는 '묵비권이 있다'라고 합니다.

You have the right to **live in freedom and safety.**
여러분은 자유롭고 안전하게 살 권리가 있습니다.

You have the right to **pursue happiness.**
너한텐 행복을 추구할 권리가 있는 거야.

w070. mp3

> **70** Press conference 101.
> 기자회견할 때 기본적으로 지켜야 되는 걸 알려 주지.

성공적인 사건 해결로 주디의 위상이 확 달라지네요. 긴장된 마음으로 기자회견을 앞두고 있는데 닉이 유용한 팁을 전수해 줍니다.

101은 미국 대학 '기초 과정의, 입문의'란 뜻으로 비유적으로 '초급의, 기본의'라는 의미도 있습니다. I'll let you know ~하며 '~ 정보를 알려 줄게'라고 문장 형태로 풀 수도 있지만, 이렇게 ~ 101이라는 간결하면서도 센스 있는 표현도 알아 두면 좋겠죠. 그리고, 101은 'one oh one'으로 읽어야 합니다.

A: I'm terrible at cooking. I don't know how to cook!
난 정말 요리에 형편없어. 어떻게 요리를 하는지 모르겠다니까!

B: Why don't you read Cooking 101? It'll be helpful.
기초 요리 책 읽어 보는 게 어때? 그거 도움될 거야.

w093. mp3

93	**I can cross that off the bucket list.**
	내 버킷 리스트에 한 줄 그을 수 있겠네.

닉은 신나게 열차 경적을 빵빵 울리고 소원 성취한 듯 뿌듯한 마음입니다. 그런데 그 기쁜 마음이 가시기도 전에 쿵! 하며 숫양들이 열차를 들이받는 소리가 들리네요.

'버킷 리스트(bucket list)'는 죽기 전에 해보고 싶은 일을 적은 목록을 말하죠. 이 장면에서는 닉이 열차 경적을 울리고 나서 '버킷 리스트 한 줄 지울 수(cross off) 있겠다'고 했는데, 소원 하나 성취한 것을 이렇게 은유적으로 표현한 게 꽤 흥미롭네요.

A: You went to a rock concert last night, huh?
너 어젯밤 락 콘서트 갔다며, 어?

B: Yep! I crossed that off the bucket list.
그럼! 내 버킷 리스트 한 줄 지웠지.

w094. mp3

94	**Keep going!**
	계속 가!

행복은 그리 오래가지 않고… 이 고약한 숫양 세 놈은 결국 주디와 닉이 탄 열차에 재진입하고 맙니다. 서로 들이받고 피하는 난리통에 주디가 열차 창 밖으로 튕겨 나가 숫양 울터의 뿔을 간신히 붙들고 있네요.

〈keep + -ing〉는 '계속 ~하다', '자꾸 ~하다'는 뜻으로 간단하면서도 자주 쓰이는 표현인데요. 길을 묻는 사람에게 곧장 가라는 의미로도 쓰이고 일이나 프로젝트를 하며 계속 진행할 때도 이 표현을 쓸 수 있어요. Keep 뒤에 다양한 동사를 -ing 형태로 넣어 활용해 보세요.

I'll let them keep talking.
그 사람들이 계속 이야기하게 할 거야.

If you keep smiling, your destiny will change.
자꾸 웃으면 네 운명이 바뀔 거야.

91 | It would take a miracle to get this rust bucket going.
이 녹슨 고물 쇳덩어리를 움직이게 하려면 기적이 일어나야 할 거야.

더구나 문을 여는 순간 주디는 그 뒤에서 뻥 차 그를 차량 밖으로 내보내고 문을 잠가버립니다. 주디는 열차 차량을 경찰서로 몰고 갈 계획인데 과연 이 오래된 고철 덩어리가 움직일 수 있을까요?

〈It would take a miracle to + 동사원형 ~〉은 기적을 바랄 수밖에 없는 상황에 처했을 때 '~하려면 기적이 필요해'라는 뜻으로 거의 불가능하다는 어감이 담긴 표현입니다. rust bucket은 (차량 등의) '고물, 낡은 것'을 가리키는 속어랍니다.

It would take a miracle to solve the water deficit in four weeks.
4주 내에 물 부족 상황을 해결하려면 기적이 일어나야 할 거야.

He told me that it would take a miracle to save my dog.
그는 내 개를 살리기 위해선 기적이 필요할 거라고 말했어.

92 | Would it be premature for me to do a little victory toot-toot?
승리를 자축하는 의미에서 빵빵 소리를 내면 너무 성급한 건가?

꼼짝할 것 같지 않던 열차가 움직이기 시작합니다. 진짜 기적이 일어났네요. 닉은 축하 팡파레를 빨리 울리고 싶어하는 것 같네요. 이대로 무사히 경찰서로 갈 수 있을까요?

premature는 '너무 이른, 시기상조의'란 의미로 early, too soon과 비슷한 뜻이죠. 〈Would it be premature for me to + 동사원형 ~?〉하면 '내가 ~하기엔 너무 이른가/성급한 건가?'라고 묻는 말이 됩니다. 상황에 따라 premature 대신 다른 형용사도 넣어 말해보세요.

Would it be premature for me to send my congratulations to her?
그 여자한테 축하 인사를 하기엔 시기상조인가?

Would it be premature for me to buy some furniture for our new home?
우리 새 집에 넣을 가구를 사두기엔 너무 이른가?

w089. mp3

> **89** I'll **buzz** you when it's done.
> 일이 끝나면 전화 드리죠.

'밤의 울음꾼' 실험실에서 숫양 '더그'는 그 꽃으로 혈청 탄환을 만들고 있습니다. 그에게 전화가 와서 통화하는데 지령을 받으면 그 포유류 타겟을 쏘는 일까지 맡아 하는 모양이네요.

'누구한테 전화할게' 하면 I'll call ~이란 표현이 익숙할 텐데요. call 대신 buzz를 소개할게요. buzz는 발음처럼 '벌이 윙윙거리다'라는 뜻인데 '전화 걸다, 버저로 호출하다'라는 의미도 있어요. 휴대폰 진동 소리를 연상하면 되겠죠. call과 마찬가지로 buzz도 명사로 쓸 수 있어서 〈give + 사람 + a buzz〉라고 해도 '~에게 전화하다'라는 의미가 됩니다.

He said he would buzz me this evening.
그는 저녁에 내게 전화한다고 말했어.

I'll give him a buzz.
내가 그에게 전화할게.

w090. mp3

> **90** It **better** have the extra foam this time.
> 이번에는 거품이 많아야 할 거야.

주디와 닉이 지하철 실험실에 몰래 숨어 더그의 통화를 엿듣는데 누군가 문을 두드리네요. 그의 동료 울터와 제시였죠. 이들을 어떻게 물리칠 수 있을까요?

It had better ~에서 had를 생략하고 말한 거죠. '~인 게 좋겠어'라고 해석하는 경우도 많아서 부드러운 어감의 표현으로 착각하는 경우가 많은데, '~인 게 좋아, 안 그럼 재미없어', '그렇게 해야 해'라는 강한 어감의 표현입니다. 주의하세요. better 뒤에는 동사원형이 옵니다.

It better be true or else we'll be in trouble.
그게 사실이어야 할 거야, 안 그럼 우리 곤란해진다고.

It better not happen again.
다신 그런 일이 있어선 안 돼.

w087. mp3

| 87 | **I'm going to name her Judy.**
내 딸 이름은 주디라고 지을 거야. |

족제비의 입을 열기 위해 주디와 닉은 그를 미스터 빅에게 데려갑니다. 그 사이 미스터 빅의 딸 프루 프루는 임신을 해 곧 출산을 앞두고 있네요. 딸 이름을 자기 생명을 구해준 '주디'로 짓겠다고 합니다.

name은 명사로는 우리가 잘 아는 '이름'이지만, 여기서는 동사로 '이름을 지어주다'라는 뜻으로 쓰였습니다. 즉 'A의 이름을 B라고 짓다'라고 할 때는 name A B라고 표현합니다. 또, 'A 이름은 B의 이름을 따서 지은 거야'라고 할 땐 전치사 after를 활용해 A is named after B와 같이 말하죠.

If I have a boy, I'm going to name him Thomas.
아들이면, 이름을 토마스로 지을 거야.

He is named after Leonardo da Vinci.
그 사람 이름은 레오나르도 다빈치 이름을 땄어.

w088. mp3

| 88 | **Looks like ol' Doug's cornered the market on Night Howlers.**
더그라는 녀석이 시장에서 밤의 울음꾼을 완전히 독점했군. |

미스터 빅 덕분에 족제비는 그가 누구에게 밤의 울음꾼을 팔았는지, 접선 장소는 어딘지 모두 털어놓습니다. 족제비가 말한 폐쇄된 지하철역으로 가 보니 그것을 배양하는 모습을 보게 됩니다.

⟨It looks like 주어 + 동사 ~⟩는 '보아하니 어떤 것 같다'는 의미입니다. 영화에서처럼 앞에 It을 생략하고 말하는 경우도 많죠. It seems like ~와 같은 맥락의 표현으로, 이 역시 It을 생략하고 Seems like ~로 말해도 좋습니다.

Looks like they can't understand the changes you are going through.
걔들은 네가 겪는 변화를 이해하지 못하는 것 같아.

Looks like it is made of plastic.
그거 플라스틱으로 만든 것 같아.

w085. mp3

85	Are you just trying to **steal the pen?**
	이 펜을 훔치려고?

주디의 눈물 어린 사과에 닉은 그다운 방식으로 그녀의 사과를 받아들입니다. 이번엔 닉이 주디의 음성을 녹음한 거죠. 그는 주디를 살포시 안아 달래 주며 펜을 훔치려 하냐고 농담하네요.

〈be trying to + 동사원형〉은 '~하려고 하다'라는 의미죠. 그래서 Are you (just) trying to ~?라고 하면 상대에게 '너 ~하려고 하는 거니?' 즉, '~할 심산이니?'라는 의미로 물어보는 말입니다.

Are you just trying to **make me laugh?**
너 나 웃기려고 하는 거니?

Are you just trying to **make me feel better?**
내 기분 풀어주려고 하는 거니?

w086. mp3

86	If it isn't **Flopsy the Copsy.**
	토깽이 경찰 나으리 아니신가?

'밤의 울음꾼'에 대한 정보를 아는 이는 주디가 전에 체포한 적 있는 족제비 '듀크 위즐턴'입니다. 그가 입을 열어야 이 모든 사건의 범인을 찾을 수 있죠. 족제비는 거리에서 짝퉁 DVD를 팔고 있네요.

오랜만에 반가운 사람을 만나거나 우연히 마주쳤을 때 '아니 이게 누구야, 누구 아니야, ~ 아니세요?' 하며 반갑게 인사할 때 있죠. 이때 구어체로 〈If it isn't + 사람 이름〉 패턴을 씁니다. 이름 대신 직위, 직업 등이 올 수도 있어요. Flopsy the Copsy는 운(rhyme)을 맞춰 족제비가 토끼를 비꼬아 불렀는데, 큰 의미 없이 '토깽이' 정도로 표현했어요.

Hey. If it isn't **my old friend Jimmy!**
어이 이게 누구신가, 내 오래된 친구 지미잖아!

Why, if it isn't **Alice! Please come on in.**
와 앨리스다! 어서 들어와.

w083. mp3

> **83** | **Savage, well that's a strong word.**
> '야수'까진 좀 심한데.

보니의 아빠가 꼬마 토끼들에게 주의를 주다가 기디온이 우연히 '밤의 울음꾼'이란 단어를 언급하자 주디를 화들짝 놀랍니다. 그 '밤의 울음꾼'은 농작물 해충 방지 꽃인데 예전에 테리 삼촌이 그것을 먹고 미친 적이 있다며 엄마 아빠가 얘기합니다.

누군가 욕이나 심한 말을 할 때 '좀 강한 말이네, 말이 세네, 지나친 말이야'라고 지적할 수 있죠. 그때 쓸 수 있는 표현이 바로 strong word입니다. 물론 욕이 아니라 일반 단어를 언급하더라도 그 상황에 부적절하거나 다소 과한 어감일 때 이 표현을 쓸 수 있죠.

Disgusting? It seems a strong word.
역겹다고? 그 말은 좀 심한 것 같은데.

"Hopeless…" That's a strong word. How about "challenging"?
"가망 없다…" 그건 어감이 좀 세니까. "도전적인" 어때?

w084. mp3

> **84** | **I don't blame you.**
> 다 내 잘못이지.

'밤의 울음꾼'의 진짜 정체를 알게 된 주디는 서둘러 주토피아로 향합니다. 기자회견 이후 결별한 닉을 찾아 그에게 진심 어린 사과를 하고 있네요. 닉은 주디의 사과를 받아 줄까요?

blame은 '~을 탓하다, ~의 책임이다'라는 뜻으로 위 문장을 직역하면 '나는 너를 탓하지 않는다'인데 문맥에 따라 약간씩 해석이 달라질 수 있어요. 이 장면에서는 '내 잘못이야, 너한테 잘못이 없어'라고 해석할 수 있고, 어떤 경우에는 상대의 말에 동의하며 '맞아, 충분히 그럴 수 있어, 그럴 만도 해'라고 해석할 수도 있죠.

I don't blame him for taking a day off, he needed a break.
난 그가 하루 쉰 거 뭐라 하지 않아. 그도 휴식이 필요했을 테니.

Don't blame me! It's not my fault.
날 탓하지 마! 내 잘못이 아니라고.

w081. mp3

81	**Speak of the devil.**
	여우도 제 말하면 온다더니.

주디가 엄마 아빠와 얘기하던 중 예상치 못한 누군가가 나타납니다. 그는 바로 즈디의 어린 시절 앙숙 기디온 그레이네요. 지금 어떤 모습으로 변했을까요?

앞서 Speaking of ~을 배운 기억 나시죠. 그와 비슷한 표현 하나 더 소개합니다. Speak of the devil은 원래 Speak of the devil, he shall come. '악마에 대해 얘기하면 악마가 나타난다'라는 속담에서 유래했는데요. 한국식으로 '호랑이도 제 말하면 온다'와 같은 뜻이죠. 일반 대화에서는 앞부분 Speak of the devil만 떼서 말하죠.

A: Did you hear what happened to Paul yesterday?
너 어제 폴한테 무슨 일 생겼는지 들었어?

B: Speaking of the devil, there he is.
호랑이도 제 말하면 온다더니. 저기 오네.

w082. mp3

82	**I'd just like to say sorry for the way I behaved in my youth.**
	내가 어렸을 때 정말 철없이 굴어서 미안했어.

기디온 그레이는 지금 유명한 제빵사가 되어 홉스 부부와 협력 관계에 있습니다. 기디온은 주디에게 자신의 지난 과오를 사과하네요. 이렇게 여우가 변할 수 있다니… 좀 놀랍네요.

I'd like to say ~라고 하면 '~라고 말하고 싶다'는 의미이죠. 그래서 어떤 길에 대해 미안하다고 말하고 싶으면 say 뒤에 sorry for를, 감사하다고 말하고 싶으면 thank you for를 붙이면 되죠. 물론 say 뒤에는 〈주어 + 동사〉의 문장도 올 수 있습니다.

I'd just like to say sorry for the delay.
지연된 점에 대해 사과 말씀을 드리고 싶습니다.

I'd just like to say sorry for the lack of information.
정보가 부족한 점 죄송하게 됐습니다.

79	**I don't deserve this badge.**
	저는 이 배지를 달고 있을 자격이 없어요.

라이언하트 시장 체포 후 신임 시장으로 임명된 벨웨더는 주디가 주토피아 경찰서의 대표 얼굴이 되길 바랍니다. 그간의 상황으로 심신이 지쳐있던 주디는 보고 서장과 벨웨더 시장 앞에서 결국 그녀의 배지를 내려놓고 떠납니다.

deserve는 '~을 할/받을 자격이 있다'는 뜻으로, 주디는 경찰 배지를 달고 경찰 노릇을 할 자격이 없다는 뜻으로 이 말을 하고 배지를 반납하죠. 반대로 '~할 자격이 있다'고 말할 때는 나 혹은 상대가 잘했으니 충분히 대접받을 자격이 있다는 칭찬의 의미로 부정어 don't만 지우면 됩니다.

She doesn't deserve that kind of treatment.
그녀는 그런 대접 받으면 안 돼.

After all that hard work, you deserve a bonus.
그 일을 열심히 한 후에 당신은 보너스로 보상 받을 자격이 있어요.

80	**You've always been a trier.**
	넌 항상 도전하려고 했지.

주디는 경찰 배지 반납 후 고향으로 내려왔습니다. 부모님이 그리도 바라던 홍당무 농사를 도우며 판매하는 모습이네요. 여전히 실의에 빠진 주디의 모습에 부모님의 맘도 편하지는 않습니다.

예전이나 지금이나 '넌 항상 ~하다'라는 말을 하고 싶다면 〈You've always been + 명사/형용사〉 패턴을 써보세요. 상대를 칭찬하거나 반대로 질책할 때 모두 쓸 수 있습니다. 이 패턴에 익숙해지고 나면 〈You've always + p.p. ~〉로 always 뒤에 더 다양한 과거분사도 넣어 말해보세요.

You've always been a hero to me.
넌 항상 내게 영웅이야.

You've always been a good friend to me.
넌 항상 내게 좋은 친구야.

77	This is not the Zootopia I know.
	이것은 내가 아는 주토피아가 아닙니다.

주토피아에 연일 나쁜 소식이 이어지던 중에 팝스타 가젤이 평화를 기원하는 집회를 엽니다. 이곳에서도 맹수들과 초식동물들의 갈등이 이어집니다.

이런 건 내가 알던 세상이 아니다, 내가 원했던 삶이 아니다, 내가 꿈꿨던 일이 아니다 등, 지금의 현실을 부정하고 싶을 때 〈This is not A I + 동사〉의 패턴을 써보세요. 이때 〈I + 동사〉는 앞의 A를 꾸며주죠.

This is not the world I wanted to live in.
이건 내가 살고 싶어 했던 세상이 아냐.

This is not the life I dreamed of.
이건 내가 꿈꿨던 삶이 아냐.

78	It is irresponsible to label all predators as savages.
	모든 맹수를 야수라고 몰아붙이는 것은 무책임한 언행입니다.

팝스타 가젤의 인터뷰가 이어집니다. 모든 맹수를 야수라고 치부하는 것은 무책임한 일이라고 일침을 가하는데 주디는 이런 상황에 죄책감이 늘어가네요.

irresponsible은 '언행이 무책임한' 것을 나타내는 말이고요, label A as B는 'A에게 B라는 딱지를 붙이다', 즉 'A를 B라고 치부하다/몰아붙이다'라는 의미가 되죠. 따라서 It is irresponsible to label A as B라고 하면 'A를 B라고 몰아붙이는 건 무책임한 일(언행)이다'라는 뜻이 됩니다.

It is irresponsible to label that country as our enemy.
그 나라를 우리의 적으로 몰아붙이는 건 무책임한 일입니다.

It is irresponsible to label the entire project as unreliable.
프로젝트 전체를 신뢰할 수 없는 것으로 몰아붙이는 건 무책임한 일입니다.

w075. mp3

| 75 | Yeah, don't think I didn't notice that little item the first time we met.
우리가 처음 만났을 때 네가 그걸 갖고 있는 걸 내가 못 봤을 것 같니. |

주디가 기자회견에서 말한 '맹수들이 생물학적인 요소로 인해 야수의 본성으로 돌아갈 수도 있다'는 결국 맹수류인 여우 닉에게도 해당되는 말이었기에 그의 배신감과 충격은 말로 다할 수 없습니다. 주디가 의도한 바는 아니었지만 닉은 큰 상처를 받고 말았네요.

이 패턴의 핵심은 바로 notice입니다. notice는 뭔가를 '알아차리다, 눈치채다'라는 의미로 I didn't notice ~는 '내가 미처 알아차리지 못했다'는 말을 하고 싶을 때 쓸 수 있어요. notice 뒤에는 영화 속 닉처럼 명사를 넣을 수도 있고요, 완전한 문장을 넣을 수도 있죠.

I didn't notice your email until today.
오늘에야 네 이메일을 봤어.

I didn't notice the mistakes I made.
내가 한 실수를 미처 알아채지 못했어.

w076. mp3

| 76 | A caribou is in critical condition.
카리부가 중태에 빠졌습니다. |

주디의 기자회견 이후 그 여파는 심각합니다. 닉은 떠났고 도시는 공포와 비극으로 뒤덮이고 있어요. 야수로 변한 맹수들이 생기고 초식동물들의 피해 또한 늘어가고 있습니다.

critical은 건강, 의료 관련 시점에서 '위태로운, 치명적인'이란 의미가 있어요. 산업, 비즈니스 상황에도 적용되고요. dangerous, serious와 유사하죠. in critical condition '중태에 빠지다, 치명적인 상태이다'라는 표현은 영자신문 헤드라인이나 기사에서도 자주 접할 수 있답니다.

Our dog was in critical condition when we adopted him.
우리 강아지는 입양 당시 위독했어.

The industry is in a very critical condition.
그 산업은 매우 심각한 상황입니다.

w073. mp3

73 | **I didn't get a chance to mention you.**
너를 언급할 기회가 없었어.

여기저기서 쏟아지는 기자들의 질문을 뒤로하고 연단을 내려온 주디가 닉에게 하는 말입니다. 정신 없이 답하다 보니 닉의 헌신을 얘기할 기회를 놓쳤다는 거네요.

〈get a chance to + 동사원형〉은 '~할 기회를 얻다'는 의미입니다. 따라서 I didn't get a chance to ~는 '~할 기회가 없었다'고 하는 말이죠. 했어야 하는 일인데 그럴 틈이 없어서 못했다면 이 패턴을 써서 변명을 할 수 있겠네요.

I didn't get a chance to talk to him.
걔한테 말할 기회가 없었어.

I didn't get a chance to express my condolences at the time.
그때는 조의를 표할 기회가 없었어.

w074. mp3

74 | **Are you serious?**
그거 진심이야?

기자회견 후 분위기가 심상치 않습니다. 이유인즉슨 주디의 '과유불급', 적절히 완급을 조절했어야 할 기자회견에서 정보를 너무 많이 흘려 갈등을 조장할 빌미를 제공했다는 거죠. 주디의 지나친 솔직함이 결국 독이 되어버렸네요.

상대방이 다소 이해하기 힘든 행동이나 말을 했을 때 '너 진심이니?' '진짜야?'라는 말이 툭 튀어나올 텐데요. 이럴 때 영어로는 Are you serious?라고 묻습니다. 이때 serious는 '진지한, 심각한'이란 의미이죠.

A: I'm thinking of quitting my job and selling my homemade sauces full time.
일 관두고 홈메이드 소스를 전업으로 팔 생각이야.

B: Excuse me? Are you serious?
뭐라고? 너 그거 진심이야?

w071. mp3

| 71 | **In case** you need something to write with.
쓸 게 필요하면 사용하라고. |

주디는 훌륭하게 수사 협조를 한 닉에게 경찰 지원서를 건넵니다. 그리고 전에 닉의 탈세 문제를 녹음했던 펜도 함께 주죠. 이제 확실히 너를 믿는다는 의미이기도 하겠죠?

만일의 경우에 대비해서 어떻게 하라거나, 어떻게 한다는 얘기 종종 하죠? 이럴 때 유용한 표현이 바로 In case ~입니다. '~할 경우를 대비해서'란 의미이죠. 뒤에는 〈주어 + 동사〉를 넣어 어떤 경우를 대비해서인지를 구체적으로 말해주면 되죠.

In case I forget later, here is her number.
이따 잊어버릴지도 모르니까, 자, 여기 그 애 전화번호야.

In case she's late, take a book you'll read while waiting for her.
걔가 늦을 경우를 대비해서 기다리면서 읽을 책이라도 한 권 가져가.

w072. mp3

| 72 | **That is accurate.**
정확합니다. |

기자회견을 시작하고 주디는 닉이 전수해 준 되묻기 방법으로 고비를 넘깁니다. 이어 야수로 변한 것은 맹수 뿐이냐는 기자의 질문에 '정확하다'라고 답하네요.

'맞습니다, 정확합니다' 등의 맞장구 피드백을 영어로 하면 가장 먼저 떠오르는 표현은? 네, That's right. That's correct. Exactly! 등이 있죠. 모두 '맞다'는 공통된 뜻이지만 미세한 차이는 있습니다. accurate는 '정보가 정확하다, 사실에 근거하다'는 의미로 학문, 기술, 뉴스(정보)의 정확성을 말하는 데 자주 쓰입니다.

I think this film is historically accurate.
나는 이 영화가 역사적으로 정확하다고 생각해.

I got lost because the map wasn't accurate.
지도가 정확하지 않아서 난 길을 잃었어.

Disney · Pixar Best Collection

인사이드 아웃

강윤혜 해설 | 552쪽 | 26,000원

국내 유일 〈인사이드 아웃〉 영어 대본집!

전체 대본과 스틸컷을 담은 스크립트북, 회화 문장을 엄선한 워크북, 디즈니 추천 성우의 오디오북으로 애니메이션의 감동을 다시 느낀다.

난이도	첫걸음 / **초급** / 중급 / 고급	기간	30일
대상	영화 대본으로 재미있게 영어를 배우고 싶은 독자	목표	영화 주인공처럼 말하기

Disney · Pixar Best Collection

인사이드 아웃 2

스크립트북 × 워크북 × 오디오북

라이언 박 해설 | 588쪽 | 26,000원

국내 유일 〈인사이드 아웃 2〉 영어 대본집!

전체 대본과 스틸컷을 담은 스크립트북, 회화 문장을 엄선한 워크북, 디즈니 추천 성우의 오디오북으로 애니메이션의 감동을 다시 느낀다.

난이도	첫걸음 / 초급 / 중급 / 고급	기간	30일
대상	영화 대본으로 재미있게 영어를 배우고 싶은 독자	목표	영화 주인공처럼 말하기

95	I'm not going to **leave you behind**, that's not happening. 널 여기 내버려두고 가진 않을 거야. 그런 일은 있을 수 없어.

숫양들을 떼어내는 데 성공하지만 결국 열차는 탈선해서 폭발하고 주디와 닉은 쿠사히 빠져나옵니다. 그들은 박물관을 통해 경찰서로 가려고 하지만 벨웨더 시장 일당에게 쫓기고 주디는 다리에 상처를 입고 맙니다. 주디는 닉에게 증거를 보고 서장에게 가서 전달하라고 하지만 닉은 그녀를 두고 혼자 가지 않겠다고 합니다. 여기서 I'm not going to ~는 '난 ~하지 않을 거야'라는 의미입니다. to 뒤에는 당연히 동사원형이 따르고요. 이 문장 뒤에 바로 that's not happening '그런 일은 있을 수 없어, 그런 일은 말도 안 돼'가 붙어 화자의 강한 의지를 덧붙이고 있네요.

I'm not going to lie to you, that's not happening.
너한테 거짓말하지 않을 거야. 그런 일은 있을 수 없어.

I'm not going to hurt you, that's not happening.
너한테 상처주지 않을 거야. 그런 일은 있을 수 없어.

96	Aren't you sick of **it**? 이런 게 지겹지도 않니?

마냥 친절한 줄만 알았던 벨웨더 시장의 정체가 드러납니다. 그녀는 그간 맹수들에게 무시만 당하고 인정을 못 받는 상황에 울분을 토하며 그들에 대항해 초식동물만의 세계를 꾸리고 싶어 합니다.
be sick of는 '~에 진저리가 나다, 지겹다'라는 의미입니다. 따라서 Are you sick of ~? 하면 '~에 질리냐?'는 단순 질문이 되죠. 하지만 Aren't you sick of ~?라고 부정의문문으로 말하면 '지겹지도 않니? 이제 그만하자'는 다소 강한 질책의 어감으로 쓸 수 있습니다.

Aren't you sick of me after all these years?
이만큼이나 세월이 지났는데 내가 지겹지도 않아?

Aren't you sick of super-hero movies?
슈퍼히어로물 영화 지겹지도 않니?

97 | He can't help it, can he?
맘대로 안 될 걸?

주디와 닉이 필사적으로 탈출하려던 순간 숫양이 들이받고 결국 그들은 박물관 아래 전시 모형에 떨어집니다. 벨웨더 시장은 닉을 향해 혈청 다트를 쏘고 그는 야수로 돌변할 위기에 처했어요.

help는 '돕다'라는 대표 뜻 외에 위 문장에서처럼 '피하다, 그만두다, 어쩔 수 없다'의 뜻도 있습니다. 그래서 can't help ~는 '피할 수 없다, 어쩔 수 없다'는 의미로 닉이 다트를 맞아 야수로 변하는 것은 피할 수 없고 그가 어찌하려 해도 맘대로 조절이 안 될 것이라는 뉘앙스를 담고 있죠. can't help -ing '할 수밖에 없다'도 함께 기억해 두세요.

I can't help her bad habit.
그녀의 나쁜 버릇은 나도 어쩔 수가 없네.

I can't help myself, I love sweets.
나도 맘대로 안 돼. 단 게 좋은 걸.

98 | Former Mayor Dawn Bellwether is behind bars today.
던 벨웨더 전 시장이 오늘 수감됐습니다.

닉이 맞았던 혈청은 닉이 미리 손써서 바꿔둔 블루베리였고 그의 이상 행동도 벨웨더 시장을 함정에 빠뜨리기 위한 쇼였던 것이죠. 벨웨더 시장은 모든 사건의 배후임이 드러나 결국 철창에 갇히게 됩니다.

bar는 '막대기'란 뜻인데 문의 '창살', '쇠지렛대'를 뜻하기도 하죠. 쇠창살이 나란히 있는 모습을 연상하면 behind bars가 어떤 뜻인지 짐작가죠? '쇠창살 뒤에'라는 뜻이니 즉 '교도소에 수감된, 철창 속에 갇힌'의미가 됩니다. 비슷한 표현으로 in prison/jail이 있습니다.

Dave was behind bars yesterday, charged with a hit-and-run case.
데이브는 어제 뺑소니 혐의로 수감됐어.

She's spent most of her life behind bars.
그녀는 그녀 인생 대부분을 감옥에서 보냈다.

> **99**
>
> **Turns out**, real life's a little bit more complicated than a slogan on a bumper sticker.
>
> 하지만 현실이란 자동차 범퍼 스티커에 인쇄된 슬로건보다 더 복잡하다는 것을 알게 됐죠.

벨웨더 전 시장이 수감되고 이제 주토피아도 점차 안정을 되찾고 있습니다. 경찰학교 졸업생들을 위해 자랑스러운 선배인 주디 경관이 연설하고 있는 모습입니다.

turn out은 '드러나다, 밝혀지다'란 의미인데, 보통 〈It turns out (that) 주어 + 동사 ~〉의 형태로 잘 쓰입니다. 'that 이하가 사실로 밝혀지다, 사실이라는 걸 알게 되다'란 의미이죠. 위 문장에서는 It turns out ~에서 앞의 It을 생략하고 말했네요.

Turns out, people who talk to themselves are geniuses.
자기 자신과 대화를 나누는 사람들은 천재라고 밝혀졌어.

Turns out, there's no need to worry.
걱정할 필요가 없다는 걸 알게 됐어요.

> **100**
>
> **The more** we try to understand one another, **the more** exceptional each of us will be.
>
> 우리가 서로 더 잘 이해하려고 하면 할수록 우리는 각자 더욱 예외적인 존재가 되는 거죠.

주디의 졸업식 연설이 이어집니다. 주디와 닉이 함께하며 느꼈듯이 서로 이해하려고 해도 예외적인 존재라는 건 어쩔 수 없습니다. 그럼에도 계속 이해하려고 노력했기에 갈등을 풀고 사건을 함께 해결할 수 있지 않았을까 싶네요.

〈The more + 주어 + 동사 ~, the more + 주어 + 동사 …〉는 '~하면 할수록 더욱더 …하다'는 의미로 문법 시간에 단골로 나오는 패턴입니다. more 외에도 다른 비교급 the better, the deeper, the harder, the older 등 다양한 비교급을 넣어 활용해 보세요.

The more we try to avoid it, **the more** it controls us.
우리가 피하려고 하면 할수록 거기에 더욱 구속되잖아.

The more we try to figure it out, **the more** confusing it becomes.
우리가 그 문제를 이해하려 하면 할수록 더욱 혼란스러워져.

엘리멘탈

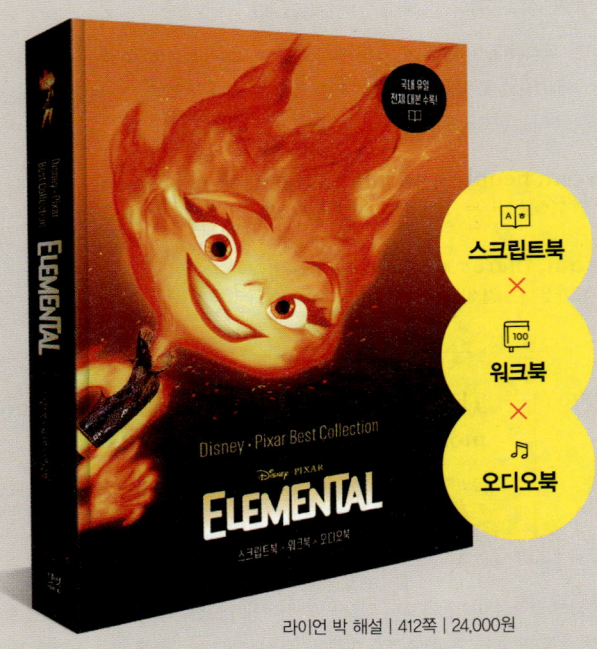

라이언 박 해설 | 412쪽 | 24,000원

국내 유일 〈엘리멘탈〉 영어 대본집!

전체 대본과 스틸컷을 담은 스크립트북, 회화 문장을 엄선한 워크북, 디즈니 추천 성우의 오디오북으로 애니메이션의 감동을 다시 느낀다.

| **난이도** | 첫걸음 · 초급 · 중급 · 고급 | **기간** | 30일 |
| **대상** | 영화 대본으로 재미있게 영어를 배우고 싶은 독자 | **목표** | 영화 주인공처럼 말하기 |